Renate Sültz & Uwe H. Sültz

KFZ-SERVICELEISTUNGEN-
PROTOKOLLBUCH

Wartung – Service – Kontrolle - Notizen

BoD - Books on Demand

Norderstedt 2017

Bibliografische Information durch die Deutsche Nationalbibliothek

Die Deutsche Nationalbibliothek verzeichnet diese Publikation in der Deutschen Nationalbibliografie; detaillierte bibliografische Daten sind im Internet über http://dnb.dnb.de abrufbar.

© 2017 Renate Sültz & Uwe H. Sültz

Herstellung und Verlag:

BoD – Books on Demand, Norderstedt

ISBN 9-78374-4-83913-6

Wer sein Auto liebt, der schiebt!"... NEIN! Soweit soll es nicht gehen. Aber in der Tat hängt der Kraftstoffverbrauch, der Verschleiß von Motor, Bremsen, Kupplung, Reifen und Getriebe stark von der Fahrweise und den Betriebsbedingungen ab. Ebenso sind Wartung, Inspektion und regelmäßige Kontrollen wichtig. Stellen wir uns vor:

Ein Kind läuft hinter einem parkenden Fahrzeug über die Straße... unsere Reaktionszeit ist sehr wichtig, aber auch, dass die Bremsen korrekt funktionieren! Und was nutzen uns Scheibenwischer, wenn sie Schlieren ziehen?

Sicherheit ist das Wichtigste beim Autofahren! Wir haben Verantwortung zu tragen. Darum müssen wir fit sein, aber auch das Fahrzeug.

Wie hoch ist eigentlich der Reifendruck? Meist steht der richtige Wert im Tankdeckel. Etwas mehr darf es sein, ohne Probleme zu bekommen. Das sind so etwa 0,2 oder 0,3 bar. So sehen es die Experten. Ein zu geringer Luftdruck ist dagegen hochgradig gefährlich. Übrigens muss auch der Reservereifen kontrolliert werden, wenn es ihn gibt.

An den Umweltschutz muss auch gedacht werden. Öl hat auf der Straße nichts zu suchen. Tropfende Fahrzeuge müssen sofort in die Werkstatt. Protokollieren Sie in diesem Buch Ihren Ölverbrauch und teilen Sie zu hohen Ölverlust Ihrer Werkstatt mit. Jede Autofahrt sollte schon einen Sinn haben, wir sollten sparsam mit den Ressourcen umgehen!

Weiter gilt: Das Fahrzeug nicht im Stand warmlaufen lassen! Häufiges und starkes Beschleunigen vermeiden! Rechtzeitig schalten! Keinen unnötigen Ballast mitnehmen! Bei verkehrsbedingtem Warten den Motor

abstellen! Den Kraftstoffverbrauch kontrollieren! Service und Wartung regelmäßig durchführen! Warnung dazu: Reparieren Sie nichts selbst, was mit der Verkehrssicherheit zu tun hat! Sie bringen sich selbst und andere in Lebensgefahr! An erster Stelle stehen dabei die Bremsen. Tauschen Sie einen beschädigten Reifen schnell aus. Der Reifen "merkt" sich jede Bordsteinkannte! Und haben Sie Ihr Auto falsch betankt, dann

nicht starten, sofort den Wagen abschleppen und leerpumpen lassen.

Eine gute und sichere Fahrt auf allen Wegen wünscht das Team

SÜLTZ BÜCHER

Schnellcheckliste

Vor jeder Fahrt:

Blick auf die Karosserie - Lackschäden?
Dellen?
Rost?

Blick auf die Lampen- und Blinkergläser - Risse?
Steinschlag?
Matt?
Wassereinbruch?

Blick von vorn unter den Motor - Ist ein Ölfleck unter dem Motor?
WERKSTATT!!!

Blick auf das Armaturenbrett - Zündung - Leuchtet alles wie immer?
Start - Blinkt etwas, leuchtet etwas?
Alles wie immer?
Warnlicht oder Warnsignal?
WERKSTATT!!!

Beim Fahren - Rasten die Sicherheitsgurtschlösser?
Zieht das Auto nach rechts oder links? WERKSTATT!!!
Bremst das Auto und zieht nach rechts oder links?
WERKSTATT!!!
Ist genug Spritzwasser für die Scheibenwischer vorhanden?
Zur Not klaren Sprudel einfüllen.
Blick auf die Tankanzeige.
Hin und wieder Blick auf die Motortemperaturanzeige.
Schnelles Klick-Klack-Geräusch beim Blinken kann
auf eine defekte Blinklichtlampe deuten.
Blick auf die Windschutzscheibe - Beschädigungen
im Sichtbereich? WERKSTATT!!!

Regelmäßige Kontrollen   Datum __ . __ . ____   Eigenleistung ja/nein

Reifen-Luftdruck in bar:

VL: **VR:**   **HR:**   **HL:**   **Reserverad:**

Reifen auf Beschädigung prüfen: Sichtprüfung i.O.   Fühlprüfung i.O.

Kraftstoffverbrauch: getankte Liter x 100 : gefahrene Kilometer = Verbrauch

Beispiel: 35 Liter x 100 : 600 km = 5,83 Liter auf 100 km

___ **Liter x 100 :** ___ **km =** ___ **Liter auf 100 km**

Hupe i.O.   **Lichthupe i.O.**   **Warnblinker i.O.**

Blinker i.O.   **Konntrollleuchten i.O.**   **Innenbeleuchtung i.O.**

Frontbeleuchtung: Standlicht i.O.   **Abblendlicht i.O.**

                              Fernlicht i.O.   **Nebelscheinwerfer i.O.**

                              Tagfahrlicht i.O.

Scheibenwischer vorne i.O.   **hinten i.O.**

Scheibenwaschanlage vorne i.O.   **hinten i.O.**

Steinschlagprüfung i.O.   **nicht i.O.**   **wo?**

_____

Unter der Motorhaube: Sichtprüfung i.O.

Ölverschmierter Motor   **ja**   **nein**

Ölmessstab ziehen

Öl zwischen oberer und unterer Marke   **ja**   **nein**

Sind Öltropfen unter dem Motor?   **ja**   **nein**

(Pfütze vom Klimaanlagenwasser ist normal)

eventuell Batterieflüssigkeit bis oberer Marke gefüllt   **ja**   **nein**

Bremsflüssigkeitsstand obere Marke oder fast   **ja**   **nein**

Serviceleistungen   Datum __ . __ . ____   W = Werkstatt   K = Kosten
                                                    E = Eigenleistung

Beleuchtung kontrolliert, evtl. Birne/LED erneuert

Scheibenwischer kontrolliert, evtl. erneuert
Scheinwerferreinigungsanlage kontrolliert, evtl. Wischer neu
Scheibenwischerwasser kontrolliert, evtl. aufgefüllt

Reifen + Druck kontrolliert, evtl. Reifen erneuert
Profiltiefe vl. __ vr. __ hr. __ hl. __ in mm

Ölwechsel + Filter   Menge: _____
Marke und Ölsorte: _____

Motorkühlflüssigkeit prüfen, evtl. nachfüllen mit
Korrosions-/Frostschutz _____ °C

Bremsanlage (WERKSTATTARBEIT!)
Bremsflüssigkeitsfüllmenge kontrollieren i.O. oder wechseln
Verlust kann auf abgefahrene Beläge deuten,
ansonsten Ursache suchen!
Handbremse kontrollieren/Handbremsseil schmieren

Bremsbelagstärke
entweder auf Bremsbelagfühler-Lampe achten
oder Belagstärke messen (nicht unter 2mm fahren,
bei Trommelbremse nicht unter 1mm fahren)
i.O. oder wechseln

Verschluss, Gleitschienen und Scharniere der Türen,
der Motorhaube, der Kofferraumhaube, des Schiebedachs
und des Cabrioverdeckes schmieren

Sicherheitsgurte und Schlössser kontrollieren

Batterieflüssigkeit prüfen und evtl. auffüllen

Serviceleistungen Teil 2

Pollenfilter im Innenraum kontrollieren,
evtl. wechseln

Luftfilter im Motorraum kontrollieren,
evtl. wechseln

Im Motorinnenraum auf Undichtigkeiten, Scheuer-
stellen, beschädigte Bauteile achten   i.O.

Riemen-Zustand prüfen   i.O.

Gummimanschetten im Motorraum und
an den Vorderachsgelenken, Hinterachsgelenken,
sowie an Spur- und Lenkstangengelenke prüfen   i.O.
tritt bereits Fett aus einer Manschette wird der
Wechsel höchte Zeit um das Gelenk oder die
Achse nicht zu zerstören!

Ölstand der Servolenkung prüfen   i.O.

Zündkerzen kontrollieren, evtl. wechseln   i.O.
Glühkerzen bei Ausfall wechseln lassen

Scheinwerfereinstellung prüfen, evtl. einstellen
(Werkstatt)   i.O.

Kraftstofffilter erneuern (eher Werstatt,
wegen dem Entwässern und dem Entlüften)

Auspuff und befestigung kontrollieren   i.O.

alle 2 Jahre Bremsflüssigkeitswechsel

alle 3 Jahre Kühlmittelwechsel

Serviceleistungen Teil 3

Dieses Protokollbuch soll eine Hilfestellung sein, um einen Leitfaden zu haben, was kontrolliert werden kann und muss. Es ersetzt auf keinen Fall die Autowerkstatt. Dafür kann der Autor keine Verantwortung übernehmen. Bei modernen Autos werden die Eigenleistungen immer geringer. Beim Oldtimer ist das noch ganz anders. Trotzdem sei gesagt, erledigen Sie nur das, was Sie beherrschen, gehen Sie keinen Schritt weiter. Sie gefährden sonst Ihr Leben und das der anderen Verkehrsteilnehmer.

Beim Oldtimer lassen sich sehr viele Kontrollen und Arbeiten selbst durchführen.

Bei einem Neuwagen bleiben aber immer noch Serviceleistungen übrig, die den Wert des Autos erhöhen. Etwa:

Ölkontrolle   i.O.

Kühlerwasserkontrolle   i.O.

Bremsflüssigkeitskontrolle   i.O.

Riemenkontrolle   i.O.

Kontrolle der Schläuche   i.O.

Kontrolle der Batterieflüssigkeit   i.O.

Scharniere fetten (Türen, Hauben, Schiebedach, Tankdeckel)   erledigt

Reifendruck kontrollieren vl __ vr __ hr__ hl __

Reifen kontrollieren   erledigt

Scheibenwischer kontrollieren   i.O.

Steinschlagkontrolle und notieren wo _____

_____

Arbeiten, die hier nicht aufgeführt sind _____

_____

_____

_____

_____

Serviceleistungen Teil 4

Notizen, Daten, Bemerkungen, Informationen, sowie weitere Service-Arbeiten, die hier nicht aufgeführt sind. Beispiele: Kontrolle der Abstandswarner-Sensoren, Einstellungen am Navi, Radio-Code, usw.

_____

_____

_____

_____

_____

_____

_____

_____

_____

_____

_____

Bilder/Zeichnungen:

_____

_____

_____

_____

Regelmäßige Kontrollen   Datum __ . __ . ____   Eigenleistung ja/nein

Reifen-Luftdruck in bar:

VL: **VR:**   **HR:**   **HL:**   **Reserverad:**

Reifen auf Beschädigung prüfen: Sichtprüfung i.O.   Fühlprüfung i.O.

Kraftstoffverbrauch: getankte Liter x 100 : gefahrene Kilometer = Verbrauch

Beispiel: 35 Liter x 100 : 600 km = 5,83 Liter auf 100 km

____ Liter x 100 : ____ km = ____ Liter auf 100 km

Hupe i.O.   **Lichthupe i.O.**   **Warnblinker i.O.**

Blinker i.O.   **Konntrollleuchten i.O.**   **Innenbeleuchtung i.O.**

Frontbeleuchtung: Standlicht i.O.   **Abblendlicht i.O.**

Fernlicht i.O.   **Nebelscheinwerfer i.O.**

Tagfahrlicht i.O.

Scheibenwischer vorne i.O.   **hinten i.O.**

Scheibenwaschanlage vorne i.O.   **hinten i.O.**

Steinschlagprüfung i.O.   **nicht i.O.**   **wo?**

_____

Unter der Motorhaube: Sichtprüfung i.O.

Ölverschmierter Motor   ja   nein

Ölmessstab ziehen

Öl zwischen oberer und unterer Marke   ja   nein

Sind Öltropfen unter dem Motor?   ja   nein

(Pfütze vom Klimaanlagenwasser ist normal)

eventuell Batterieflüssigkeit bis oberer Marke gefüllt   ja   nein

Bremsflüssigkeitsstand obere Marke oder fast   ja   nein

Serviceleistungen   Datum __ . __ . ____   W = Werkstatt   K = Kosten

E = Eigenleistung

Beleuchtung kontrolliert, evtl. Birne/LED erneuert

Scheibenwischer kontrolliert, evtl. erneuert

Scheinwerferreinigungsanlage kontrolliert, evtl. Wischer neu

Scheibenwischerwasser kontrolliert, evtl. aufgefüllt

Reifen + Druck kontrolliert, evtl. Reifen erneuert

Profiltiefe vl. __ vr. __ hr. __ hl. __ in mm

Ölwechsel + Filter   Menge: _____

Marke und Ölsorte: _____

Motorkühlflüssigkeit prüfen, evtl. nachfüllen mit

Korrosions-/Frostschutz _____ °C

Bremsanlage (WERKSTATTARBEIT!)

Bremsflüssigkeitsfüllmenge kontrollieren i.O. oder wechseln

Verlust kann auf abgefahrene Beläge deuten,

ansonsten Ursache suchen!

Handbremse kontrollieren/Handbremsseil schmieren

Bremsbelagstärke

entweder auf Bremsbelagfühler-Lampe achten

oder Belagstärke messen (nicht unter 2mm fahren,

bei Trommelbremse nicht unter 1mm fahren)

i.O. oder wechseln

Verschluss, Gleitschienen und Scharniere der Türen,

der Motorhaube, der Kofferraumhaube, des Schiebedachs

und des Cabrioverdeckes schmieren

Sicherheitsgurte und Schlössser kontrollieren

Batterieflüssigkeit prüfen und evtl. auffüllen

Serviceleistungen Teil 2

Pollenfilter im Innenraum kontrollieren,
evtl. wechseln

Luftfilter im Motorraum kontrollieren,
evtl. wechseln

Im Motorinnenraum auf Undichtigkeiten, Scheuer-
stellen, beschädigte Bauteile achten   i.O.

Riemen-Zustand prüfen   i.O.

Gummimanschetten im Motorraum und
an den Vorderachsgelenken, Hinterachsgelenken,
sowie an Spur- und Lenkstangengelenke prüfen   i.O.
tritt bereits Fett aus einer Manschette wird der
Wechsel höchte Zeit um das Gelenk oder die
Achse nicht zu zerstören!

Ölstand der Servolenkung prüfen   i.O.

Zündkerzen kontrollieren, evtl. wechseln   i.O.
Glühkerzen bei Ausfall wechseln lassen

Scheinwerfereinstellung prüfen, evtl. einstellen
(Werkstatt)   i.O.

Kraftstofffilter erneuern (eher Werstatt,
wegen dem Entwässern und dem Entlüften)

Auspuff und befestigung kontrollieren   i.O.

alle 2 Jahre Bremsflüssigkeitswechsel

alle 3 Jahre Kühlmittelwechsel

Serviceleistungen Teil 3

Dieses Protokollbuch soll eine Hilfestellung sein, um einen Leitfaden zu haben, was kontrolliert werden kann und muss. Es ersetzt auf keinen Fall die Autowerkstatt. Dafür kann der Autor keine Verantwortung übernehmen. Bei modernen Autos werden die Eigenleistungen immer geringer. Beim Oldtimer ist das noch ganz anders. Trotzdem sei gesagt, erledigen Sie nur das, was Sie beherrschen, gehen Sie keinen Schritt weiter. Sie gefährden sonst Ihr Leben und das der anderen Verkehrsteilnehmer.

Beim Oldtimer lassen sich sehr viele Kontrollen und Arbeiten selbst durchführen.

Bei einem Neuwagen bleiben aber immer noch Serviceleistungen übrig, die den Wert des Autos erhöhen. Etwa:

Ölkontrolle	i.O.
Kühlerwasserkontrolle	i.O.
Bremsflüssigkeitskontrolle	i.O.
Riemenkontrolle	i.O.
Kontrolle der Schläuche	i.O.
Kontrolle der Batterieflüssigkeit	i.O.
Scharniere fetten (Türen, Hauben, Schiebedach, Tankdeckel)	erledigt
Reifendruck kontrollieren vl __ vr __ hr__ hl __	
Reifen kontrollieren	erledigt
Scheibenwischer kontrollieren	i.O.
Steinschlagkontrolle und notieren wo _____	

_____

Arbeiten, die hier nicht aufgeführt sind _____

_____

_____

_____

Serviceleistungen Teil 4

Notizen, Daten, Bemerkungen, Informationen, sowie weitere Service-Arbeiten, die hier nicht aufgeführt sind. Beispiele: Kontrolle der Abstandswarner-Sensoren, Einstellungen am Navi, Radio-Code, usw.

Bilder/Zeichnungen:

Regelmäßige Kontrollen   Datum __ . __ . ____   Eigenleistung ja/nein

Reifen-Luftdruck in bar:

VL: VR: HR: HL: Reserverad:

Reifen auf Beschädigung prüfen: Sichtprüfung i.O.   Fühlprüfung i.O.

Kraftstoffverbrauch: getankte Liter x 100 : gefahrene Kilometer = Verbrauch

Beispiel: 35 Liter x 100 : 600 km = 5,83 Liter auf 100 km

___ **Liter x 100 :** ___ **km =** ___ **Liter auf 100 km**

Hupe i.O.   Lichthupe i.O.   Warnblinker i.O.

Blinker i.O.   Konntrolleuchten i.O.   Innenbeleuchtung i.O.

Frontbeleuchtung: Standlicht i.O.   Abblendlicht i.O.

Fernlicht i.O.   Nebelscheinwerfer i.O.

Tagfahrlicht i.O.

Scheibenwischer vorne i.O.   hinten i.O.

Scheibenwaschanlage vorne i.O.   hinten i.O.

Steinschlagprüfung i.O.   nicht i.O.   wo?

Unter der Motorhaube: Sichtprüfung i.O.

Ölverschmierter Motor   ja   nein

Ölmessstab ziehen

Öl zwischen oberer und unterer Marke   ja   nein

Sind Öltropfen unter dem Motor?   ja   nein

(Pfütze vom Klimaanlagenwasser ist normal)

eventuell Batterieflüssigkeit bis oberer Marke gefüllt   ja   nein

Bremsflüssigkeitsstand obere Marke oder fast   ja   nein

Serviceleistungen   Datum __ . __ . ___   W = Werkstatt   K = Kosten
                                                     E = Eigenleistung

Beleuchtung kontrolliert, evtl. Birne/LED erneuert

Scheibenwischer kontrolliert, evtl. erneuert
Scheinwerferreinigungsanlage kontrolliert, evtl. Wischer neu
Scheibenwischerwasser kontrolliert, evtl. aufgefüllt

Reifen + Druck kontrolliert, evtl. Reifen erneuert
Profiltiefe vl. __ vr. __ hr. __ hl. __ in mm

Ölwechsel + Filter   Menge: _____
Marke und Ölsorte: _____

Motorkühlflüssigkeit prüfen, evtl. nachfüllen mit
Korrosions-/Frostschutz _____ °C

Bremsanlage (WERKSTATTARBEIT!)
Bremsflüssigkeitsfüllmenge kontrollieren i.O. oder wechseln
Verlust kann auf abgefahrene Beläge deuten,
ansonsten Ursache suchen!
Handbremse kontrollieren/Handbremsseil schmieren

Bremsbelagstärke
entweder auf Bremsbelagfühler-Lampe achten
oder Belagstärke messen (nicht unter 2mm fahren,
bei Trommelbremse nicht unter 1mm fahren)
i.O. oder wechseln

Verschluss, Gleitschienen und Scharniere der Türen,
der Motorhaube, der Kofferraumhaube, des Schiebedachs
und des Cabrioverdeckes schmieren

Sicherheitsgurte und Schlössser kontrollieren

Batterieflüssigkeit prüfen und evtl. auffüllen

Serviceleistungen Teil 2

W = Werkstatt E = Eigenleistung

K = Kosten ↓

Pollenfilter im Innenraum kontrollieren,
evtl. wechseln

Luftfilter im Motorraum kontrollieren,
evtl. wechseln

Im Motorinnenraum auf Undichtigkeiten, Scheuer-
stellen, beschädigte Bauteile achten   i.O.

Riemen-Zustand prüfen   i.O.

Gummimanschetten im Motorraum und
an den Vorderachsgelenken, Hinterachsgelenken,
sowie an Spur- und Lenkstangengelenke prüfen   i.O.
tritt bereits Fett aus einer Manschette wird der
Wechsel höchte Zeit um das Gelenk oder die
Achse nicht zu zerstören!

Ölstand der Servolenkung prüfen   i.O.

Zündkerzen kontrollieren, evtl. wechseln   i.O.
Glühkerzen bei Ausfall wechseln lassen

Scheinwerfereinstellung prüfen, evtl. einstellen
(Werkstatt)   i.O.

Kraftstofffilter erneuern (eher Werstatt,
wegen dem Entwässern und dem Entlüften)

Auspuff und befestigung kontrollieren   i.O.

alle 2 Jahre Bremsflüssigkeitswechsel

alle 3 Jahre Kühlmittelwechsel

Serviceleistungen Teil 3

Dieses Protokollbuch soll eine Hilfestellung sein, um einen Leitfaden zu haben, was kontrolliert werden kann und muss. Es ersetzt auf keinen Fall die Autowerkstatt. Dafür kann der Autor keine Verantwortung übernehmen. Bei modernen Autos werden die Eigenleistungen immer geringer. Beim Oldtimer ist das noch ganz anders. Trotzdem sei gesagt, erledigen Sie nur das, was Sie beherrschen, gehen Sie keinen Schritt weiter. Sie gefährden sonst Ihr Leben und das der anderen Verkehrsteilnehmer.

Beim Oldtimer lassen sich sehr viele Kontrollen und Arbeiten selbst durchführen.

Bei einem Neuwagen bleiben aber immer noch Serviceleistungen übrig, die den Wert des Autos erhöhen. Etwa:

Ölkontrolle	i.O.	
Kühlerwasserkontrolle		i.O.
Bremsflüssigkeitskontrolle	i.O.	
Riemenkontrolle		i.O.
Kontrolle der Schläuche	i.O.	
Kontrolle der Batterieflüssigkeit		i.O.
Scharniere fetten (Türen, Hauben, Schiebedach, Tankdeckel)		erledigt
Reifendruck kontrollieren vl __ vr __ hr__ hl __		
Reifen kontrollieren		erledigt
Scheibenwischer kontrollieren	i.O.	
Steinschlagkontrolle und notieren wo _____		

_____

Arbeiten, die hier nicht aufgeführt sind _____

_____

_____

_____

_____

Serviceleistungen Teil 4

Notizen, Daten, Bemerkungen, Informationen, sowie weitere Service-Arbeiten, die hier nicht aufgeführt sind. Beispiele: Kontrolle der Abstandswarner-Sensoren, Einstellungen am Navi, Radio-Code, usw.

Bilder/Zeichnungen:

Regelmäßige Kontrollen   Datum __ . __ . ____   Eigenleistung ja/nein

Reifen-Luftdruck in bar:

VL: **VR:**   **HR:**   **HL:**   **Reserverad:**

Reifen auf Beschädigung prüfen: Sichtprüfung i.O.   Fühlprüfung i.O.

Kraftstoffverbrauch: getankte Liter x 100 : gefahrene Kilometer = Verbrauch

Beispiel: 35 Liter x 100 : 600 km = 5,83 Liter auf 100 km

____ Liter x 100 : ____ km = ____ Liter auf 100 km

Hupe i.O.   **Lichthupe i.O.**   **Warnblinker i.O.**

Blinker i.O.   **Konntrollleuchten i.O.**   **Innenbeleuchtung i.O.**

Frontbeleuchtung: Standlicht i.O.   **Abblendlicht i.O.**

Fernlicht i.O.   **Nebelscheinwerfer i.O.**

Tagfahrlicht i.O.

Scheibenwischer vorne i.O.   **hinten i.O.**

Scheibenwaschanlage vorne i.O.   **hinten i.O.**

Steinschlagprüfung i.O.   **nicht i.O.**   **wo?**

_____

Unter der Motorhaube: Sichtprüfung i.O.

Ölverschmierter Motor   ja   nein

Ölmessstab ziehen

Öl zwischen oberer und unterer Marke   ja   nein

Sind Öltropfen unter dem Motor?   ja   nein

(Pfütze vom Klimaanlagenwasser ist normal)

eventuell Batterieflüssigkeit bis oberer Marke gefüllt   ja   nein

Bremsflüssigkeitsstand obere Marke oder fast   ja   nein

Serviceleistungen   Datum __ . __ . ____   W = Werkstatt   K = Kosten

E = Eigenleistung

Beleuchtung kontrolliert, evtl. Birne/LED erneuert

Scheibenwischer kontrolliert, evtl. erneuert

Scheinwerferreinigungsanlage kontrolliert, evtl. Wischer neu

Scheibenwischerwasser kontrolliert, evtl. aufgefüllt

Reifen + Druck kontrolliert, evtl. Reifen erneuert

Profiltiefe vl. __ vr. __ hr. __ hl. __ in mm

Ölwechsel + Filter   Menge: _____

Marke und Ölsorte: _____

Motorkühlflüssigkeit prüfen, evtl. nachfüllen mit

Korrosions-/Frostschutz _____ °C

Bremsanlage (WERKSTATTARBEIT!)

Bremsflüssigkeitsfüllmenge kontrollieren i.O. oder wechseln

Verlust kann auf abgefahrene Beläge deuten,

ansonsten Ursache suchen!

Handbremse kontrollieren/Handbremsseil schmieren

Bremsbelagstärke

entweder auf Bremsbelagfühler-Lampe achten

oder Belagstärke messen (nicht unter 2mm fahren,

bei Trommelbremse nicht unter 1mm fahren)

i.O. oder wechseln

Verschluss, Gleitschienen und Scharniere der Türen,

der Motorhaube, der Kofferraumhaube, des Schiebedachs

und des Cabrioverdeckes schmieren

Sicherheitsgurte und Schlössser kontrollieren

Batterieflüssigkeit prüfen und evtl. auffüllen

Serviceleistungen Teil 2

Pollenfilter im Innenraum kontrollieren,
evtl. wechseln

Luftfilter im Motorraum kontrollieren,
evtl. wechseln

Im Motorinnenraum auf Undichtigkeiten, Scheuer-
stellen, beschädigte Bauteile achten   i.O.

Riemen-Zustand prüfen   i.O.

Gummimanschetten im Motorraum und
an den Vorderachsgelenken, Hinterachsgelenken,
sowie an Spur- und Lenkstangengelenke prüfen   i.O.
tritt bereits Fett aus einer Manschette wird der
Wechsel höchte Zeit um das Gelenk oder die
Achse nicht zu zerstören!

Ölstand der Servolenkung prüfen   i.O.

Zündkerzen kontrollieren, evtl. wechseln   i.O.
Glühkerzen bei Ausfall wechseln lassen

Scheinwerfereinstellung prüfen, evtl. einstellen
(Werkstatt)   i.O.

Kraftstofffilter erneuern (eher Werstatt,
wegen dem Entwässern und dem Entlüften)

Auspuff und befestigung kontrollieren   i.O.

alle 2 Jahre Bremsflüssigkeitswechsel

alle 3 Jahre Kühlmittelwechsel

Serviceleistungen Teil 3

Dieses Protokollbuch soll eine Hilfestellung sein, um einen Leitfaden zu haben, was kontrolliert werden kann und muss. Es ersetzt auf keinen Fall die Autowerkstatt. Dafür kann der Autor keine Verantwortung übernehmen. Bei modernen Autos werden die Eigenleistungen immer geringer. Beim Oldtimer ist das noch ganz anders. Trotzdem sei gesagt, erledigen Sie nur das, was Sie beherrschen, gehen Sie keinen Schritt weiter. Sie gefährden sonst Ihr Leben und das der anderen Verkehrsteilnehmer.

Beim Oldtimer lassen sich sehr viele Kontrollen und Arbeiten selbst durchführen.

Bei einem Neuwagen bleiben aber immer noch Serviceleistungen übrig, die den Wert des Autos erhöhen. Etwa:

Ölkontrolle   i.O.
Kühlerwasserkontrolle   i.O.
Bremsflüssigkeitskontrolle   i.O.
Riemenkontrolle   i.O.
Kontrolle der Schläuche   i.O.
Kontrolle der Batterieflüssigkeit   i.O.
Scharniere fetten (Türen, Hauben, Schiebedach, Tankdeckel)   erledigt
Reifendruck kontrollieren vl __ vr __ hr__ hl __
Reifen kontrollieren   erledigt
Scheibenwischer kontrollieren   i.O.
Steinschlagkontrolle und notieren wo _____
_____

Arbeiten, die hier nicht aufgeführt sind _____
_____
_____
_____

Serviceleistungen Teil 4

Notizen, Daten, Bemerkungen, Informationen, sowie weitere Service-Arbeiten, die hier nicht aufgeführt sind. Beispiele: Kontrolle der Abstandswarner-Sensoren, Einstellungen am Navi, Radio-Code, usw.

_____
_____
_____
_____
_____
_____
_____
_____
_____
_____
_____

Bilder/Zeichnungen:

_____
_____
_____
_____

Regelmäßige Kontrollen   Datum __ . __ . ____   Eigenleistung ja/nein

Reifen-Luftdruck in bar:

VL: **VR:**   **HR:**   **HL:**   **Reserverad:**

Reifen auf Beschädigung prüfen: Sichtprüfung i.O.   Fühlprüfung i.O.

Kraftstoffverbrauch: getankte Liter x 100 : gefahrene Kilometer = Verbrauch

Beispiel: 35 Liter x 100 : 600 km = 5,83 Liter auf 100 km

___ **Liter x 100 :** ___ **km =** ___ **Liter auf 100 km**

Hupe i.O.   **Lichthupe i.O.**   **Warnblinker i.O.**

Blinker i.O.   **Konntrollleuchten i.O.**   **Innenbeleuchtung i.O.**

Frontbeleuchtung: Standlicht i.O.   **Abblendlicht i.O.**

          Fernlicht i.O.   **Nebelscheinwerfer i.O.**

          Tagfahrlicht i.O.

Scheibenwischer vorne i.O.   **hinten i.O.**

Scheibenwaschanlage vorne i.O.   **hinten i.O.**

Steinschlagprüfung i.O.   **nicht i.O.**   **wo?**

_____

Unter der Motorhaube: Sichtprüfung i.O.

Ölverschmierter Motor   ja   nein

Ölmessstab ziehen

Öl zwischen oberer und unterer Marke   ja   nein

Sind Öltropfen unter dem Motor?   ja   nein

(Pfütze vom Klimaanlagenwasser ist normal)

eventuell Batterieflüssigkeit bis oberer Marke gefüllt   ja   nein

Bremsflüssigkeitsstand obere Marke oder fast   ja   nein

Beleuchtung kontrolliert, evtl. Birne/LED erneuert

Scheibenwischer kontrolliert, evtl. erneuert

Scheinwerferreinigungsanlage kontrolliert, evtl. Wischer neu

Scheibenwischerwasser kontrolliert, evtl. aufgefüllt

Reifen + Druck kontrolliert, evtl. Reifen erneuert

Profiltiefe vl. __ vr. __ hr. __ hl. __ in mm

Ölwechsel + Filter   **Menge:** _____

Marke und Ölsorte: _____

Motorkühlflüssigkeit prüfen, evtl. nachfüllen mit

Korrosions-/Frostschutz _____ °C

Bremsanlage (WERKSTATTARBEIT!)

Bremsflüssigkeitsfüllmenge kontrollieren i.O. oder wechseln

Verlust kann auf abgefahrene Beläge deuten,

ansonsten Ursache suchen!

Handbremse kontrollieren/Handbremsseil schmieren

Bremsbelagstärke

entweder auf Bremsbelagfühler-Lampe achten

oder Belagstärke messen (nicht unter 2mm fahren,

bei Trommelbremse nicht unter 1mm fahren)

i.O. oder wechseln

Verschluss, Gleitschienen und Scharniere der Türen,

der Motorhaube, der Kofferraumhaube, des Schiebedachs

und des Cabrioverdeckes schmieren

Sicherheitsgurte und Schlössser kontrollieren

Batterieflüssigkeit prüfen und evtl. auffüllen

Serviceleistungen Teil 2

W = Werkstatt E = Eigenleistung

K = Kosten

Pollenfilter im Innenraum kontrollieren,
evtl. wechseln

Luftfilter im Motorraum kontrollieren,
evtl. wechseln

Im Motorinnenraum auf Undichtigkeiten, Scheuer-
stellen, beschädigte Bauteile achten   i.O.

Riemen-Zustand prüfen   i.O.

Gummimanschetten im Motorraum und
an den Vorderachsgelenken, Hinterachsgelenken,
sowie an Spur- und Lenkstangengelenke prüfen   i.O.
tritt bereits Fett aus einer Manschette wird der
Wechsel höchte Zeit um das Gelenk oder die
Achse nicht zu zerstören!

Ölstand der Servolenkung prüfen   i.O.

Zündkerzen kontrollieren, evtl. wechseln   i.O.
Glühkerzen bei Ausfall wechseln lassen

Scheinwerfereinstellung prüfen, evtl. einstellen
(Werkstatt)   i.O.

Kraftstofffilter erneuern (eher Werstatt,
wegen dem Entwässern und dem Entlüften)

Auspuff und befestigung kontrollieren   i.O.

alle 2 Jahre Bremsflüssigkeitswechsel

alle 3 Jahre Kühlmittelwechsel

Serviceleistungen Teil 3

Dieses Protokollbuch soll eine Hilfestellung sein, um einen Leitfaden zu haben, was kontrolliert werden kann und muss. Es ersetzt auf keinen Fall die Autowerkstatt. Dafür kann der Autor keine Verantwortung übernehmen. Bei modernen Autos werden die Eigenleistungen immer geringer. Beim Oldtimer ist das noch ganz anders. Trotzdem sei gesagt, erledigen Sie nur das, was Sie beherrschen, gehen Sie keinen Schritt weiter. Sie gefährden sonst Ihr Leben und das der anderen Verkehrsteilnehmer.

Beim Oldtimer lassen sich sehr viele Kontrollen und Arbeiten selbst durchführen.

Bei einem Neuwagen bleiben aber immer noch Serviceleistungen übrig, die den Wert des Autos erhöhen. Etwa:

Ölkontrolle   i.O.

Kühlerwasserkontrolle   i.O.

Bremsflüssigkeitskontrolle   i.O.

Riemenkontrolle   i.O.

Kontrolle der Schläuche   i.O.

Kontrolle der Batterieflüssigkeit   i.O.

Scharniere fetten (Türen, Hauben, Schiebedach, Tankdeckel)   erledigt

Reifendruck kontrollieren vl __ vr __ hr__ hl __

Reifen kontrollieren   erledigt

Scheibenwischer kontrollieren   i.O.

Steinschlagkontrolle und notieren wo _____

_____

Arbeiten, die hier nicht aufgeführt sind _____

_____

_____

_____

_____

Serviceleistungen Teil 4

Notizen, Daten, Bemerkungen, Informationen, sowie weitere Service-Arbeiten, die hier nicht aufgeführt sind. Beispiele: Kontrolle der Abstandswarner-Sensoren, Einstellungen am Navi, Radio-Code, usw.

Bilder/Zeichnungen:

Regelmäßige Kontrollen   Datum __ . __ . ____   Eigenleistung ja/nein

Reifen-Luftdruck in bar:

VL: **VR:**   **HR:**   **HL:**   **Reserverad:**

Reifen auf Beschädigung prüfen: Sichtprüfung i.O.   Fühlprüfung i.O.

Kraftstoffverbrauch: getankte Liter x 100 : gefahrene Kilometer = Verbrauch
Beispiel: 35 Liter x 100 : 600 km = 5,83 Liter auf 100 km
          ___ **Liter x 100 :** ____ **km =** ____ **Liter auf 100 km**

Hupe i.O.   **Lichthupe i.O.**   **Warnblinker i.O.**
Blinker i.O.   **Konntrolleuchten i.O.**   **Innenbeleuchtung i.O.**
Frontbeleuchtung: Standlicht i.O.   **Abblendlicht i.O.**
                      Fernlicht i.O.   **Nebelscheinwerfer i.O.**
                      Tagfahrlicht i.O.

Scheibenwischer vorne i.O.   **hinten i.O.**
Scheibenwaschanlage vorne i.O.   **hinten i.O.**

Steinschlagprüfung i.O.   **nicht i.O.   wo?**

Unter der Motorhaube: Sichtprüfung i.O.

Ölverschmierter Motor   ja   nein

Ölmessstab ziehen
Öl zwischen oberer und unterer Marke   ja   nein

Sind Öltropfen unter dem Motor?   ja   nein
(Pfütze vom Klimaanlagenwasser ist normal)

eventuell Batterieflüssigkeit bis oberer Marke gefüllt   ja   nein
Bremsflüssigkeitsstand obere Marke oder fast   ja   nein

Serviceleistungen   Datum __ . __ . ____   W = Werkstatt   K = Kosten

E = Eigenleistung

Beleuchtung kontrolliert, evtl. Birne/LED erneuert

Scheibenwischer kontrolliert, evtl. erneuert
Scheinwerferreinigungsanlage kontrolliert, evtl. Wischer neu
Scheibenwischerwasser kontrolliert, evtl. aufgefüllt

Reifen + Druck kontrolliert, evtl. Reifen erneuert
Profiltiefe vl. __ vr. __ hr. __ hl. __ in mm

Ölwechsel + Filter   Menge: _____
Marke und Ölsorte: _____

Motorkühlflüssigkeit prüfen, evtl. nachfüllen mit
Korrosions-/Frostschutz _____ °C

Bremsanlage (WERKSTATTARBEIT!)
Bremsflüssigkeitsfüllmenge kontrollieren i.O. oder wechseln
Verlust kann auf abgefahrene Beläge deuten,
ansonsten Ursache suchen!
Handbremse kontrollieren/Handbremsseil schmieren

Bremsbelagstärke
entweder auf Bremsbelagfühler-Lampe achten
oder Belagstärke messen (nicht unter 2mm fahren,
bei Trommelbremse nicht unter 1mm fahren)
i.O. oder wechseln

Verschluss, Gleitschienen und Scharniere der Türen,
der Motorhaube, der Kofferraumhaube, des Schiebedachs
und des Cabrioverdeckes schmieren

Sicherheitsgurte und Schlössser kontrollieren

Batterieflüssigkeit prüfen und evtl. auffüllen

Serviceleistungen Teil 2

Pollenfilter im Innenraum kontrollieren,
evtl. wechseln

Luftfilter im Motorraum kontrollieren,
evtl. wechseln

Im Motorinnenraum auf Undichtigkeiten, Scheuer-
stellen, beschädigte Bauteile achten   i.O.

Riemen-Zustand prüfen   i.O.

Gummimanschetten im Motorraum und
an den Vorderachsgelenken, Hinterachsgelenken,
sowie an Spur- und Lenkstangengelenke prüfen   i.O.
tritt bereits Fett aus einer Manschette wird der
Wechsel höchte Zeit um das Gelenk oder die
Achse nicht zu zerstören!

Ölstand der Servolenkung prüfen   i.O.

Zündkerzen kontrollieren, evtl. wechseln   i.O.
Glühkerzen bei Ausfall wechseln lassen

Scheinwerfereinstellung prüfen, evtl. einstellen
(Werkstatt)   i.O.

Kraftstofffilter erneuern (eher Werstatt,
wegen dem Entwässern und dem Entlüften)

Auspuff und befestigung kontrollieren   i.O.

alle 2 Jahre Bremsflüssigkeitswechsel

alle 3 Jahre Kühlmittelwechsel

<u>Serviceleistungen</u> Teil 3

Dieses Protokollbuch soll eine Hilfestellung sein, um einen Leitfaden zu haben, was kontrolliert werden kann und muss. Es ersetzt auf keinen Fall die Autowerkstatt. Dafür kann der Autor keine Verantwortung übernehmen. Bei modernen Autos werden die Eigenleistungen immer geringer. Beim Oldtimer ist das noch ganz anders. Trotzdem sei gesagt, erledigen Sie nur das, was Sie beherrschen, gehen Sie keinen Schritt weiter. Sie gefährden sonst Ihr Leben und das der anderen Verkehrsteilnehmer.

Beim Oldtimer lassen sich sehr viele Kontrollen und Arbeiten selbst durchführen.

Bei einem Neuwagen bleiben aber immer noch Serviceleistungen übrig, die den Wert des Autos erhöhen. Etwa:

Ölkontrolle   i.O.
Kühlerwasserkontrolle   i.O.
Bremsflüssigkeitskontrolle   i.O.
Riemenkontrolle   i.O.
Kontrolle der Schläuche   i.O.
Kontrolle der Batterieflüssigkeit   i.O.
Scharniere fetten (Türen, Hauben, Schiebedach, Tankdeckel)   erledigt
Reifendruck kontrollieren vl __ vr __ hr__ hl __
Reifen kontrollieren   erledigt
Scheibenwischer kontrollieren   i.O.
Steinschlagkontrolle und notieren wo _____
_____

Arbeiten, die hier nicht aufgeführt sind _____
_____
_____
_____
_____

<u>Serviceleistungen</u> Teil 4

Notizen, Daten, Bemerkungen, Informationen, sowie weitere Service-Arbeiten, die hier nicht aufgeführt sind. Beispiele: Kontrolle der Abstandswarner-Sensoren, Einstellungen am Navi, Radio-Code, usw.

_____

_____

_____

_____

_____

_____

_____

_____

_____

_____

Bilder/Zeichnungen:

_____

_____

_____

_____

Regelmäßige Kontrollen   Datum __ . __ . ____   Eigenleistung ja/nein

Reifen-Luftdruck in bar:
VL: **VR:**   **HR:**   **HL:**   **Reserverad:**

Reifen auf Beschädigung prüfen: Sichtprüfung i.O.   Fühlprüfung i.O.

Kraftstoffverbrauch: getankte Liter x 100 : gefahrene Kilometer = Verbrauch
Beispiel: 35 Liter x 100 : 600 km = 5,83 Liter auf 100 km
____ **Liter x 100 :** ____ **km =** ____ **Liter auf 100 km**

Hupe i.O.   **Lichthupe i.O.**   **Warnblinker i.O.**
Blinker i.O.   **Konntrollleuchten i.O.**   **Innenbeleuchtung i.O.**
Frontbeleuchtung: Standlicht i.O.   **Abblendlicht i.O.**
                    Fernlicht i.O.   **Nebelscheinwerfer i.O.**
                    Tagfahrlicht i.O.

Scheibenwischer vorne i.O.   **hinten i.O.**
Scheibenwaschanlage vorne i.O.   **hinten i.O.**

Steinschlagprüfung i.O.   **nicht i.O.   wo?**

Unter der Motorhaube: Sichtprüfung i.O.

Ölverschmierter Motor   ja   nein

Ölmessstab ziehen
Öl zwischen oberer und unterer Marke   ja   nein

Sind Öltropfen unter dem Motor?   ja   nein
(Pfütze vom Klimaanlagenwasser ist normal)

eventuell Batterieflüssigkeit bis oberer Marke gefüllt   ja   nein
Bremsflüssigkeitsstand obere Marke oder fast   ja   nein

Serviceleistungen   Datum __ . __ . ___   W = Werkstatt   K = Kosten
E = Eigenleistung

Beleuchtung kontrolliert, evtl. Birne/LED erneuert

Scheibenwischer kontrolliert, evtl. erneuert
Scheinwerferreinigungsanlage kontrolliert, evtl. Wischer neu
Scheibenwischerwasser kontrolliert, evtl. aufgefüllt

Reifen + Druck kontrolliert, evtl. Reifen erneuert
Profiltiefe vl. __ vr. __ hr. __ hl. __ in mm

Ölwechsel + Filter   Menge: _____
Marke und Ölsorte: _____

Motorkühlflüssigkeit prüfen, evtl. nachfüllen mit
Korrosions-/Frostschutz _____ °C

Bremsanlage (WERKSTATTARBEIT!)
Bremsflüssigkeitsfüllmenge kontrollieren i.O. oder wechseln
Verlust kann auf abgefahrene Beläge deuten,
ansonsten Ursache suchen!
Handbremse kontrollieren/Handbremsseil schmieren

Bremsbelagstärke
entweder auf Bremsbelagfühler-Lampe achten
oder Belagstärke messen (nicht unter 2mm fahren,
bei Trommelbremse nicht unter 1mm fahren)
i.O. oder wechseln

Verschluss, Gleitschienen und Scharniere der Türen,
der Motorhaube, der Kofferraumhaube, des Schiebedachs
und des Cabrioverdeckes schmieren

Sicherheitsgurte und Schlössser kontrollieren

Batterieflüssigkeit prüfen und evtl. auffüllen

Serviceleistungen Teil 2

Pollenfilter im Innenraum kontrollieren,
evtl. wechseln

Luftfilter im Motorraum kontrollieren,
evtl. wechseln

Im Motorinnenraum auf Undichtigkeiten, Scheuer-
stellen, beschädigte Bauteile achten   i.O.

Riemen-Zustand prüfen   i.O.

Gummimanschetten im Motorraum und
an den Vorderachsgelenken, Hinterachsgelenken,
sowie an Spur- und Lenkstangengelenke prüfen   i.O.
tritt bereits Fett aus einer Manschette wird der
Wechsel höchte Zeit um das Gelenk oder die
Achse nicht zu zerstören!

Ölstand der Servolenkung prüfen   i.O.

Zündkerzen kontrollieren, evtl. wechseln   i.O.
Glühkerzen bei Ausfall wechseln lassen

Scheinwerfereinstellung prüfen, evtl. einstellen
(Werkstatt)   i.O.

Kraftstofffilter erneuern (eher Werstatt,
wegen dem Entwässern und dem Entlüften)

Auspuff und befestigung kontrollieren   i.O.

alle 2 Jahre Bremsflüssigkeitswechsel

alle 3 Jahre Kühlmittelwechsel

Serviceleistungen Teil 3

Dieses Protokollbuch soll eine Hilfestellung sein, um einen Leitfaden zu haben, was kontrolliert werden kann und muss. Es ersetzt auf keinen Fall die Autowerkstatt. Dafür kann der Autor keine Verantwortung übernehmen. Bei modernen Autos werden die Eigenleistungen immer geringer. Beim Oldtimer ist das noch ganz anders. Trotzdem sei gesagt, erledigen Sie nur das, was Sie beherrschen, gehen Sie keinen Schritt weiter. Sie gefährden sonst Ihr Leben und das der anderen Verkehrsteilnehmer.

Beim Oldtimer lassen sich sehr viele Kontrollen und Arbeiten selbst durchführen.

Bei einem Neuwagen bleiben aber immer noch Serviceleistungen übrig, die den Wert des Autos erhöhen. Etwa:

Ölkontrolle	i.O.
Kühlerwasserkontrolle	i.O.
Bremsflüssigkeitskontrolle	i.O.
Riemenkontrolle	i.O.
Kontrolle der Schläuche	i.O.
Kontrolle der Batterieflüssigkeit	i.O.
Scharniere fetten (Türen, Hauben, Schiebedach, Tankdeckel)	erledigt
Reifendruck kontrollieren vl __ vr __ hr__ hl __	
Reifen kontrollieren	erledigt
Scheibenwischer kontrollieren	i.O.

Steinschlagkontrolle und notieren wo _____

_____

Arbeiten, die hier nicht aufgeführt sind _____

_____

_____

_____

_____

Serviceleistungen Teil 4

Notizen, Daten, Bemerkungen, Informationen, sowie weitere Service-Arbeiten, die hier nicht aufgeführt sind. Beispiele: Kontrolle der Abstandswarner-Sensoren, Einstellungen am Navi, Radio-Code, usw.

_____

_____

_____

_____

_____

_____

_____

_____

_____

_____

_____

Bilder/Zeichnungen:

_____

_____

_____

_____

Regelmäßige Kontrollen   Datum __ . __ . ____   Eigenleistung ja/nein

Reifen-Luftdruck in bar:

VL: VR: HR: HL: Reserverad:

Reifen auf Beschädigung prüfen: Sichtprüfung i.O.   Fühlprüfung i.O.

Kraftstoffverbrauch: getankte Liter x 100 : gefahrene Kilometer = Verbrauch

Beispiel: 35 Liter x 100 : 600 km = 5,83 Liter auf 100 km

___ Liter x 100 : ___ km = ___ Liter auf 100 km

Hupe i.O.   Lichthupe i.O.   Warnblinker i.O.

Blinker i.O.   Konntrollleuchten i.O.   Innenbeleuchtung i.O.

Frontbeleuchtung: Standlicht i.O.   Abblendlicht i.O.

Fernlicht i.O.   Nebelscheinwerfer i.O.

Tagfahrlicht i.O.

Scheibenwischer vorne i.O.   hinten i.O.

Scheibenwaschanlage vorne i.O.   hinten i.O.

Steinschlagprüfung i.O.   nicht i.O.   wo?

Unter der Motorhaube: Sichtprüfung i.O.

Ölverschmierter Motor   ja   nein

Ölmessstab ziehen

Öl zwischen oberer und unterer Marke   ja   nein

Sind Öltropfen unter dem Motor?   ja   nein

(Pfütze vom Klimaanlagenwasser ist normal)

eventuell Batterieflüssigkeit bis oberer Marke gefüllt   ja   nein

Bremsflüssigkeitsstand obere Marke oder fast   ja   nein

Serviceleistungen   Datum __ . __ . ___   W = Werkstatt   K = Kosten
E = Eigenleistung

Beleuchtung kontrolliert, evtl. Birne/LED erneuert

Scheibenwischer kontrolliert, evtl. erneuert
Scheinwerferreinigungsanlage kontrolliert, evtl. Wischer neu
Scheibenwischerwasser kontrolliert, evtl. aufgefüllt

Reifen + Druck kontrolliert, evtl. Reifen erneuert
Profiltiefe vl. __ vr. __ hr. __ hl. __ in mm

Ölwechsel + Filter   Menge: _____
Marke und Ölsorte: _____

Motorkühlflüssigkeit prüfen, evtl. nachfüllen mit
Korrosions-/Frostschutz _____ °C

Bremsanlage (WERKSTATTARBEIT!)
Bremsflüssigkeitsfüllmenge kontrollieren i.O. oder wechseln
Verlust kann auf abgefahrene Beläge deuten,
ansonsten Ursache suchen!
Handbremse kontrollieren/Handbremsseil schmieren

Bremsbelagstärke
entweder auf Bremsbelagfühler-Lampe achten
oder Belagstärke messen (nicht unter 2mm fahren,
bei Trommelbremse nicht unter 1mm fahren)
i.O. oder wechseln

Verschluss, Gleitschienen und Scharniere der Türen,
der Motorhaube, der Kofferraumhaube, des Schiebedachs
und des Cabrioverdeckes schmieren

Sicherheitsgurte und Schlössser kontrollieren

Batterieflüssigkeit prüfen und evtl. auffüllen

<u>Serviceleistungen</u> Teil 2

W = Werkstatt E = Eigenleistung

K = Kosten ↓

Pollenfilter im Innenraum kontrollieren,
evtl. wechseln

Luftfilter im Motorraum kontrollieren,
evtl. wechseln

Im Motorinnenraum auf Undichtigkeiten, Scheuer-
stellen, beschädigte Bauteile achten   i.O.

Riemen-Zustand prüfen   i.O.

Gummimanschetten im Motorraum und
an den Vorderachsgelenken, Hinterachsgelenken,
sowie an Spur- und Lenkstangengelenke prüfen   i.O.
tritt bereits Fett aus einer Manschette wird der
Wechsel höchte Zeit um das Gelenk oder die
Achse nicht zu zerstören!

Ölstand der Servolenkung prüfen   i.O.

Zündkerzen kontrollieren, evtl. wechseln   i.O.
Glühkerzen bei Ausfall wechseln lassen

Scheinwerfereinstellung prüfen, evtl. einstellen
(Werkstatt)   i.O.

Kraftstofffilter erneuern (eher Werstatt,
wegen dem Entwässern und dem Entlüften)

Auspuff und befestigung kontrollieren   i.O.

alle 2 Jahre Bremsflüssigkeitswechsel

alle 3 Jahre Kühlmittelwechsel

Serviceleistungen Teil 3

Dieses Protokollbuch soll eine Hilfestellung sein, um einen Leitfaden zu haben, was kontrolliert werden kann und muss. Es ersetzt auf keinen Fall die Autowerkstatt. Dafür kann der Autor keine Verantwortung übernehmen. Bei modernen Autos werden die Eigenleistungen immer geringer. Beim Oldtimer ist das noch ganz anders. Trotzdem sei gesagt, erledigen Sie nur das, was Sie beherrschen, gehen Sie keinen Schritt weiter. Sie gefährden sonst Ihr Leben und das der anderen Verkehrsteilnehmer.

Beim Oldtimer lassen sich sehr viele Kontrollen und Arbeiten selbst durchführen.

Bei einem Neuwagen bleiben aber immer noch Serviceleistungen übrig, die den Wert des Autos erhöhen. Etwa:

Ölkontrolle   i.O.

Kühlerwasserkontrolle   i.O.

Bremsflüssigkeitskontrolle   i.O.

Riemenkontrolle   i.O.

Kontrolle der Schläuche   i.O.

Kontrolle der Batterieflüssigkeit   i.O.

Scharniere fetten (Türen, Hauben, Schiebedach, Tankdeckel)   erledigt

Reifendruck kontrollieren vl __ vr __ hr__ hl __

Reifen kontrollieren   erledigt

Scheibenwischer kontrollieren   i.O.

Steinschlagkontrolle und notieren wo _____

_____

Arbeiten, die hier nicht aufgeführt sind _____

_____

_____

_____

_____

Serviceleistungen Teil 4

Notizen, Daten, Bemerkungen, Informationen, sowie weitere Service-Arbeiten, die hier nicht aufgeführt sind. Beispiele: Kontrolle der Abstandswarner-Sensoren, Einstellungen am Navi, Radio-Code, usw.

_____
_____
_____
_____
_____
_____
_____
_____
_____
_____

Bilder/Zeichnungen:

_____
_____
_____
_____

Regelmäßige Kontrollen   Datum __ . __ . ____   Eigenleistung ja/nein

Reifen-Luftdruck in bar:

VL: **VR:**   **HR:**   **HL:**   **Reserverad:**

Reifen auf Beschädigung prüfen: Sichtprüfung i.O.   Fühlprüfung i.O.

Kraftstoffverbrauch: getankte Liter x 100 : gefahrene Kilometer = Verbrauch
Beispiel: 35 Liter x 100 : 600 km = 5,83 Liter auf 100 km
         ___ Liter x 100 : ___ km = ___ Liter auf 100 km

Hupe i.O.   **Lichthupe i.O.**   **Warnblinker i.O.**
Blinker i.O.   **Konntrollleuchten i.O.**   **Innenbeleuchtung i.O.**
Frontbeleuchtung: Standlicht i.O.   **Abblendlicht i.O.**
                   Fernlicht i.O.   **Nebelscheinwerfer i.O.**
                   Tagfahrlicht i.O.

Scheibenwischer vorne i.O.   **hinten i.O.**
Scheibenwaschanlage vorne i.O.   **hinten i.O.**

Steinschlagprüfung i.O.   **nicht i.O.   wo?**

Unter der Motorhaube: Sichtprüfung i.O.

Ölverschmierter Motor   ja   nein

Ölmessstab ziehen
Öl zwischen oberer und unterer Marke   ja   nein

Sind Öltropfen unter dem Motor?   ja   nein
(Pfütze vom Klimaanlagenwasser ist normal)

eventuell Batterieflüssigkeit bis oberer Marke gefüllt   ja   nein
Bremsflüssigkeitsstand obere Marke oder fast   ja   nein

Beleuchtung kontrolliert, evtl. Birne/LED erneuert

Scheibenwischer kontrolliert, evtl. erneuert

Scheinwerferreinigungsanlage kontrolliert, evtl. Wischer neu

Scheibenwischerwasser kontrolliert, evtl. aufgefüllt

Reifen + Druck kontrolliert, evtl. Reifen erneuert

Profiltiefe vl. __ vr. __ hr. __ hl. __ in mm

Ölwechsel + Filter   **Menge:** _____

Marke und Ölsorte: _____

Motorkühlflüssigkeit prüfen, evtl. nachfüllen mit

Korrosions-/Frostschutz _____ °C

Bremsanlage (WERKSTATTARBEIT!)

Bremsflüssigkeitsfüllmenge kontrollieren i.O. oder wechseln

Verlust kann auf abgefahrene Beläge deuten,

ansonsten Ursache suchen!

Handbremse kontrollieren/Handbremsseil schmieren

Bremsbelagstärke

entweder auf Bremsbelagfühler-Lampe achten

oder Belagstärke messen (nicht unter 2mm fahren,

bei Trommelbremse nicht unter 1mm fahren)

i.O. oder wechseln

Verschluss, Gleitschienen und Scharniere der Türen,

der Motorhaube, der Kofferraumhaube, des Schiebedachs

und des Cabrioverdeckes schmieren

Sicherheitsgurte und Schlössser kontrollieren

Batterieflüssigkeit prüfen und evtl. auffüllen

<u>Serviceleistungen</u> Teil 2

Pollenfilter im Innenraum kontrollieren,
evtl. wechseln

Luftfilter im Motorraum kontrollieren,
evtl. wechseln

Im Motorinnenraum auf Undichtigkeiten, Scheuer-
stellen, beschädigte Bauteile achten   i.O.

Riemen-Zustand prüfen   i.O.

Gummimanschetten im Motorraum und
an den Vorderachsgelenken, Hinterachsgelenken,
sowie an Spur- und Lenkstangengelenke prüfen   i.O.
tritt bereits Fett aus einer Manschette wird der
Wechsel höchte Zeit um das Gelenk oder die
Achse nicht zu zerstören!

Ölstand der Servolenkung prüfen   i.O.

Zündkerzen kontrollieren, evtl. wechseln   i.O.
Glühkerzen bei Ausfall wechseln lassen

Scheinwerfereinstellung prüfen, evtl. einstellen
(Werkstatt)   i.O.

Kraftstofffilter erneuern (eher Werstatt,
wegen dem Entwässern und dem Entlüften)

Auspuff und befestigung kontrollieren   i.O.

alle 2 Jahre Bremsflüssigkeitswechsel

alle 3 Jahre Kühlmittelwechsel

Serviceleistungen Teil 3

Dieses Protokollbuch soll eine Hilfestellung sein, um einen Leitfaden zu haben, was kontrolliert werden kann und muss. Es ersetzt auf keinen Fall die Autowerkstatt. Dafür kann der Autor keine Verantwortung übernehmen. Bei modernen Autos werden die Eigenleistungen immer geringer. Beim Oldtimer ist das noch ganz anders. Trotzdem sei gesagt, erledigen Sie nur das, was Sie beherrschen, gehen Sie keinen Schritt weiter. Sie gefährden sonst Ihr Leben und das der anderen Verkehrsteilnehmer.

Beim Oldtimer lassen sich sehr viele Kontrollen und Arbeiten selbst durchführen.

Bei einem Neuwagen bleiben aber immer noch Serviceleistungen übrig, die den Wert des Autos erhöhen. Etwa:

Ölkontrolle   i.O.
Kühlerwasserkontrolle   i.O.
Bremsflüssigkeitskontrolle   i.O.
Riemenkontrolle   i.O.
Kontrolle der Schläuche   i.O.
Kontrolle der Batterieflüssigkeit   i.O.
Scharniere fetten (Türen, Hauben, Schiebedach, Tankdeckel)   erledigt
Reifendruck kontrollieren vl __ vr __ hr__ hl __
Reifen kontrollieren   erledigt
Scheibenwischer kontrollieren   i.O.
Steinschlagkontrolle und notieren wo _____

_____

Arbeiten, die hier nicht aufgeführt sind _____

_____

_____

_____

_____

Serviceleistungen Teil 4

Notizen, Daten, Bemerkungen, Informationen, sowie weitere Service-Arbeiten, die hier nicht aufgeführt sind. Beispiele: Kontrolle der Abstandswarner-Sensoren, Einstellungen am Navi, Radio-Code, usw.

_____

_____

_____

_____

_____

_____

_____

_____

_____

_____

Bilder/Zeichnungen:

_____

_____

_____

_____

Regelmäßige Kontrollen   Datum __ . __ . ____   Eigenleistung ja/nein

Reifen-Luftdruck in bar:

VL: **VR:**   **HR:**   **HL:**   **Reserverad:**

Reifen auf Beschädigung prüfen: Sichtprüfung i.O.   Fühlprüfung i.O.

Kraftstoffverbrauch: getankte Liter x 100 : gefahrene Kilometer = Verbrauch
Beispiel: 35 Liter x 100 : 600 km = 5,83 Liter auf 100 km

____ Liter x 100 : ____ km = ____ Liter auf 100 km

Hupe i.O.   **Lichthupe i.O.**   **Warnblinker i.O.**

Blinker i.O.   **Konntrollleuchten i.O.**   **Innenbeleuchtung i.O.**

Frontbeleuchtung: Standlicht i.O.   **Abblendlicht i.O.**

Fernlicht i.O.   **Nebelscheinwerfer i.O.**

Tagfahrlicht i.O.

Scheibenwischer vorne i.O.   **hinten i.O.**

Scheibenwaschanlage vorne i.O.   **hinten i.O.**

Steinschlagprüfung i.O.   **nicht i.O.**   **wo?**

Unter der Motorhaube: Sichtprüfung i.O.

Ölverschmierter Motor   **ja**   **nein**

Ölmessstab ziehen
Öl zwischen oberer und unterer Marke   **ja**   **nein**

Sind Öltropfen unter dem Motor?   **ja**   **nein**
(Pfütze vom Klimaanlagenwasser ist normal)

eventuell Batterieflüssigkeit bis oberer Marke gefüllt   **ja**   **nein**

Bremsflüssigkeitsstand obere Marke oder fast   **ja**   **nein**

Serviceleistungen   Datum __ . __ . ____   W = Werkstatt   K = Kosten

E = Eigenleistung

Beleuchtung kontrolliert, evtl. Birne/LED erneuert

Scheibenwischer kontrolliert, evtl. erneuert

Scheinwerferreinigungsanlage kontrolliert, evtl. Wischer neu

Scheibenwischerwasser kontrolliert, evtl. aufgefüllt

Reifen + Druck kontrolliert, evtl. Reifen erneuert

Profiltiefe vl. __ vr. __ hr. __ hl. __ in mm

Ölwechsel + Filter   Menge: _____

Marke und Ölsorte: _____

Motorkühlflüssigkeit prüfen, evtl. nachfüllen mit

Korrosions-/Frostschutz _____ °C

Bremsanlage (WERKSTATTARBEIT!)

Bremsflüssigkeitsfüllmenge kontrollieren i.O. oder wechseln

Verlust kann auf abgefahrene Beläge deuten,

ansonsten Ursache suchen!

Handbremse kontrollieren/Handbremsseil schmieren

Bremsbelagstärke

entweder auf Bremsbelagfühler-Lampe achten

oder Belagstärke messen (nicht unter 2mm fahren,

bei Trommelbremse nicht unter 1mm fahren)

i.O. oder wechseln

Verschluss, Gleitschienen und Scharniere der Türen,

der Motorhaube, der Kofferraumhaube, des Schiebedachs

und des Cabrioverdeckes schmieren

Sicherheitsgurte und Schlössser kontrollieren

Batterieflüssigkeit prüfen und evtl. auffüllen

Serviceleistungen Teil 2

W = Werkstatt E = Eigenleistung

K = Kosten ↓

Pollenfilter im Innenraum kontrollieren,
evtl. wechseln

Luftfilter im Motorraum kontrollieren,
evtl. wechseln

Im Motorinnenraum auf Undichtigkeiten, Scheuer-
stellen, beschädigte Bauteile achten   i.O.

Riemen-Zustand prüfen   i.O.

Gummimanschetten im Motorraum und
an den Vorderachsgelenken, Hinterachsgelenken,
sowie an Spur- und Lenkstangengelenke prüfen   i.O.
tritt bereits Fett aus einer Manschette wird der
Wechsel höchte Zeit um das Gelenk oder die
Achse nicht zu zerstören!

Ölstand der Servolenkung prüfen   i.O.

Zündkerzen kontrollieren, evtl. wechseln   i.O.
Glühkerzen bei Ausfall wechseln lassen

Scheinwerfereinstellung prüfen, evtl. einstellen
(Werkstatt)   i.O.

Kraftstofffilter erneuern (eher Werstatt,
wegen dem Entwässern und dem Entlüften)

Auspuff und befestigung kontrollieren   i.O.

alle 2 Jahre Bremsflüssigkeitswechsel

alle 3 Jahre Kühlmittelwechsel

Dieses Protokollbuch soll eine Hilfestellung sein, um einen Leitfaden zu haben, was kontrolliert werden kann und muss. Es ersetzt auf keinen Fall die Autowerkstatt. Dafür kann der Autor keine Verantwortung übernehmen. Bei modernen Autos werden die Eigenleistungen immer geringer. Beim Oldtimer ist das noch ganz anders. Trotzdem sei gesagt, erledigen Sie nur das, was Sie beherrschen, gehen Sie keinen Schritt weiter. Sie gefährden sonst Ihr Leben und das der anderen Verkehrsteilnehmer.

Beim Oldtimer lassen sich sehr viele Kontrollen und Arbeiten selbst durchführen.

Bei einem Neuwagen bleiben aber immer noch Serviceleistungen übrig, die den Wert des Autos erhöhen. Etwa:

Ölkontrolle   i.O.

Kühlerwasserkontrolle   i.O.

Bremsflüssigkeitskontrolle   i.O.

Riemenkontrolle   i.O.

Kontrolle der Schläuche   i.O.

Kontrolle der Batterieflüssigkeit   i.O.

Scharniere fetten (Türen, Hauben, Schiebedach, Tankdeckel)   erledigt

Reifendruck kontrollieren vl __ vr __ hr__ hl __

Reifen kontrollieren   erledigt

Scheibenwischer kontrollieren   i.O.

Steinschlagkontrolle und notieren wo _____

_____

Arbeiten, die hier nicht aufgeführt sind _____

_____

_____

_____

<u>Serviceleistungen</u> Teil 4

Notizen, Daten, Bemerkungen, Informationen, sowie weitere Service-Arbeiten, die hier nicht aufgeführt sind. Beispiele: Kontrolle der Abstandswarner-Sensoren, Einstellungen am Navi, Radio-Code, usw.

_____

_____

_____

_____

_____

_____

_____

_____

_____

_____

Bilder/Zeichnungen:

_____

_____

_____

_____

Regelmäßige Kontrollen   Datum __ . __ . ____   Eigenleistung ja/nein

Reifen-Luftdruck in bar:

VL: **VR:**   **HR:**   **HL:**   **Reserverad:**

Reifen auf Beschädigung prüfen: Sichtprüfung i.O.   Fühlprüfung i.O.

Kraftstoffverbrauch: getankte Liter x 100 : gefahrene Kilometer = Verbrauch

Beispiel: 35 Liter x 100 : 600 km = 5,83 Liter auf 100 km

____ Liter x 100 : ____ km = ____ Liter auf 100 km

Hupe i.O.   **Lichthupe i.O.**   **Warnblinker i.O.**

Blinker i.O.   **Konntrollleuchten i.O.**   **Innenbeleuchtung i.O.**

Frontbeleuchtung: Standlicht i.O.   **Abblendlicht i.O.**

Fernlicht i.O.   **Nebelscheinwerfer i.O.**

Tagfahrlicht i.O.

Scheibenwischer vorne i.O.   **hinten i.O.**

Scheibenwaschanlage vorne i.O.   **hinten i.O.**

Steinschlagprüfung i.O.   **nicht i.O.**   **wo?**

Unter der Motorhaube: Sichtprüfung i.O.

Ölverschmierter Motor   **ja**   **nein**

Ölmessstab ziehen

Öl zwischen oberer und unterer Marke   **ja**   **nein**

Sind Öltropfen unter dem Motor?   **ja**   **nein**

(Pfütze vom Klimaanlagenwasser ist normal)

eventuell Batterieflüssigkeit bis oberer Marke gefüllt   **ja**   **nein**

Bremsflüssigkeitsstand obere Marke oder fast   **ja**   **nein**

Beleuchtung kontrolliert, evtl. Birne/LED erneuert

Scheibenwischer kontrolliert, evtl. erneuert

Scheinwerferreinigungsanlage kontrolliert, evtl. Wischer neu

Scheibenwischerwasser kontrolliert, evtl. aufgefüllt

Reifen + Druck kontrolliert, evtl. Reifen erneuert

Profiltiefe vl. __ vr. __ hr. __ hl. __ in mm

Ölwechsel + Filter   **Menge:** _____

Marke und Ölsorte: _____

Motorkühlflüssigkeit prüfen, evtl. nachfüllen mit

Korrosions-/Frostschutz _____ °C

Bremsanlage (WERKSTATTARBEIT!)

Bremsflüssigkeitsfüllmenge kontrollieren i.O. oder wechseln

Verlust kann auf abgefahrene Beläge deuten,

ansonsten Ursache suchen!

Handbremse kontrollieren/Handbremsseil schmieren

Bremsbelagstärke

entweder auf Bremsbelagfühler-Lampe achten

oder Belagstärke messen (nicht unter 2mm fahren,

bei Trommelbremse nicht unter 1mm fahren)

i.O. oder wechseln

Verschluss, Gleitschienen und Scharniere der Türen,

der Motorhaube, der Kofferraumhaube, des Schiebedachs

und des Cabrioverdeckes schmieren

Sicherheitsgurte und Schlössser kontrollieren

Batterieflüssigkeit prüfen und evtl. auffüllen

Serviceleistungen Teil 2

W = Werkstatt E = Eigenleistung

K = Kosten

Pollenfilter im Innenraum kontrollieren,
evtl. wechseln

Luftfilter im Motorraum kontrollieren,
evtl. wechseln

Im Motorinnenraum auf Undichtigkeiten, Scheuer-
stellen, beschädigte Bauteile achten   i.O.

Riemen-Zustand prüfen   i.O.

Gummimanschetten im Motorraum und
an den Vorderachsgelenken, Hinterachsgelenken,
sowie an Spur- und Lenkstangengelenke prüfen   i.O.
tritt bereits Fett aus einer Manschette wird der
Wechsel höchte Zeit um das Gelenk oder die
Achse nicht zu zerstören!

Ölstand der Servolenkung prüfen   i.O.

Zündkerzen kontrollieren, evtl. wechseln   i.O.
Glühkerzen bei Ausfall wechseln lassen

Scheinwerfereinstellung prüfen, evtl. einstellen
(Werkstatt)   i.O.

Kraftstofffilter erneuern (eher Werstatt,
wegen dem Entwässern und dem Entlüften)

Auspuff und befestigung kontrollieren   i.O.

alle 2 Jahre Bremsflüssigkeitswechsel

alle 3 Jahre Kühlmittelwechsel

Serviceleistungen Teil 3

Dieses Protokollbuch soll eine Hilfestellung sein, um einen Leitfaden zu haben, was kontrolliert werden kann und muss. Es ersetzt auf keinen Fall die Autowerkstatt. Dafür kann der Autor keine Verantwortung übernehmen. Bei modernen Autos werden die Eigenleistungen immer geringer. Beim Oldtimer ist das noch ganz anders. Trotzdem sei gesagt, erledigen Sie nur das, was Sie beherrschen, gehen Sie keinen Schritt weiter. Sie gefährden sonst Ihr Leben und das der anderen Verkehrsteilnehmer.

Beim Oldtimer lassen sich sehr viele Kontrollen und Arbeiten selbst durchführen.

Bei einem Neuwagen bleiben aber immer noch Serviceleistungen übrig, die den Wert des Autos erhöhen. Etwa:

Ölkontrolle   i.O.
Kühlerwasserkontrolle   i.O.
Bremsflüssigkeitskontrolle   i.O.
Riemenkontrolle   i.O.
Kontrolle der Schläuche   i.O.
Kontrolle der Batterieflüssigkeit   i.O.
Scharniere fetten (Türen, Hauben, Schiebedach, Tankdeckel)   erledigt
Reifendruck kontrollieren vl __ vr __ hr__ hl __
Reifen kontrollieren   erledigt
Scheibenwischer kontrollieren   i.O.
Steinschlagkontrolle und notieren wo _____

_____

Arbeiten, die hier nicht aufgeführt sind _____

_____

_____

_____

_____

Serviceleistungen Teil 4

Notizen, Daten, Bemerkungen, Informationen, sowie weitere Service-Arbeiten, die hier nicht aufgeführt sind. Beispiele: Kontrolle der Abstandswarner-Sensoren, Einstellungen am Navi, Radio-Code, usw.

_____

_____

_____

_____

_____

_____

_____

_____

_____

_____

Bilder/Zeichnungen:

_____

_____

_____

_____

Regelmäßige Kontrollen   Datum __ . __ . ____   Eigenleistung ja/nein

Reifen-Luftdruck in bar:

VL: VR: HR: HL: Reserverad:

Reifen auf Beschädigung prüfen: Sichtprüfung i.O.   Fühlprüfung i.O.

Kraftstoffverbrauch: getankte Liter x 100 : gefahrene Kilometer = Verbrauch

Beispiel: 35 Liter x 100 : 600 km = 5,83 Liter auf 100 km

____ **Liter x 100 :** ____ **km =** ____ **Liter auf 100 km**

Hupe i.O.   Lichthupe i.O.   Warnblinker i.O.

Blinker i.O.   Konntrollleuchten i.O.   Innenbeleuchtung i.O.

Frontbeleuchtung: Standlicht i.O.   Abblendlicht i.O.

Fernlicht i.O.   Nebelscheinwerfer i.O.

Tagfahrlicht i.O.

Scheibenwischer vorne i.O.   hinten i.O.

Scheibenwaschanlage vorne i.O.   hinten i.O.

Steinschlagprüfung i.O.   nicht i.O.   wo?

Unter der Motorhaube: Sichtprüfung i.O.

Ölverschmierter Motor   ja   nein

Ölmessstab ziehen

Öl zwischen oberer und unterer Marke   ja   nein

Sind Öltropfen unter dem Motor?   ja   nein

(Pfütze vom Klimaanlagenwasser ist normal)

eventuell Batterieflüssigkeit bis oberer Marke gefüllt   ja   nein

Bremsflüssigkeitsstand obere Marke oder fast   ja   nein

Serviceleistungen   Datum __ . __ . ___   W = Werkstatt   K = Kosten

E = Eigenleistung

Beleuchtung kontrolliert, evtl. Birne/LED erneuert

Scheibenwischer kontrolliert, evtl. erneuert

Scheinwerferreinigungsanlage kontrolliert, evtl. Wischer neu

Scheibenwischerwasser kontrolliert, evtl. aufgefüllt

Reifen + Druck kontrolliert, evtl. Reifen erneuert

Profiltiefe vl. __ vr. __ hr. __ hl. __ in mm

Ölwechsel + Filter   Menge: _____

Marke und Ölsorte: _____

Motorkühlflüssigkeit prüfen, evtl. nachfüllen mit

Korrosions-/Frostschutz _____ °C

Bremsanlage (WERKSTATTARBEIT!)

Bremsflüssigkeitsfüllmenge kontrollieren i.O. oder wechseln

Verlust kann auf abgefahrene Beläge deuten,

ansonsten Ursache suchen!

Handbremse kontrollieren/Handbremsseil schmieren

Bremsbelagstärke

entweder auf Bremsbelagfühler-Lampe achten

oder Belagstärke messen (nicht unter 2mm fahren,

bei Trommelbremse nicht unter 1mm fahren)

i.O. oder wechseln

Verschluss, Gleitschienen und Scharniere der Türen,

der Motorhaube, der Kofferraumhaube, des Schiebedachs

und des Cabrioverdeckes schmieren

Sicherheitsgurte und Schlössser kontrollieren

Batterieflüssigkeit prüfen und evtl. auffüllen

Serviceleistungen Teil 2

Pollenfilter im Innenraum kontrollieren,
evtl. wechseln

Luftfilter im Motorraum kontrollieren,
evtl. wechseln

Im Motorinnenraum auf Undichtigkeiten, Scheuer-
stellen, beschädigte Bauteile achten   i.O.

Riemen-Zustand prüfen   i.O.

Gummimanschetten im Motorraum und
an den Vorderachsgelenken, Hinterachsgelenken,
sowie an Spur- und Lenkstangengelenke prüfen   i.O.
tritt bereits Fett aus einer Manschette wird der
Wechsel höchte Zeit um das Gelenk oder die
Achse nicht zu zerstören!

Ölstand der Servolenkung prüfen   i.O.

Zündkerzen kontrollieren, evtl. wechseln   i.O.
Glühkerzen bei Ausfall wechseln lassen

Scheinwerfereinstellung prüfen, evtl. einstellen
(Werkstatt)   i.O.

Kraftstofffilter erneuern (eher Werstatt,
wegen dem Entwässern und dem Entlüften)

Auspuff und befestigung kontrollieren   i.O.

alle 2 Jahre Bremsflüssigkeitswechsel

alle 3 Jahre Kühlmittelwechsel

Serviceleistungen Teil 3

Dieses Protokollbuch soll eine Hilfestellung sein, um einen Leitfaden zu haben, was kontrolliert werden kann und muss. Es ersetzt auf keinen Fall die Autowerkstatt. Dafür kann der Autor keine Verantwortung übernehmen. Bei modernen Autos werden die Eigenleistungen immer geringer. Beim Oldtimer ist das noch ganz anders. Trotzdem sei gesagt, erledigen Sie nur das, was Sie beherrschen, gehen Sie keinen Schritt weiter. Sie gefährden sonst Ihr Leben und das der anderen Verkehrsteilnehmer.

Beim Oldtimer lassen sich sehr viele Kontrollen und Arbeiten selbst durchführen.

Bei einem Neuwagen bleiben aber immer noch Serviceleistungen übrig, die den Wert des Autos erhöhen. Etwa:

Ölkontrolle	i.O.
Kühlerwasserkontrolle	i.O.
Bremsflüssigkeitskontrolle	i.O.
Riemenkontrolle	i.O.
Kontrolle der Schläuche	i.O.
Kontrolle der Batterieflüssigkeit	i.O.
Scharniere fetten (Türen, Hauben, Schiebedach, Tankdeckel)	erledigt
Reifendruck kontrollieren vl __ vr __ hr__ hl __	
Reifen kontrollieren	erledigt
Scheibenwischer kontrollieren	i.O.

Steinschlagkontrolle und notieren wo _____

_____

Arbeiten, die hier nicht aufgeführt sind _____

_____

_____

_____

<u>Serviceleistungen</u> Teil 4

Notizen, Daten, Bemerkungen, Informationen, sowie weitere Service-Arbeiten, die hier nicht aufgeführt sind. Beispiele: Kontrolle der Abstandswarner-Sensoren, Einstellungen am Navi, Radio-Code, usw.

_____

_____

_____

_____

_____

_____

_____

_____

_____

_____

Bilder/Zeichnungen:

_____

_____

_____

_____

Regelmäßige Kontrollen   Datum __ . __ . ____   Eigenleistung ja/nein

Reifen-Luftdruck in bar:

VL: **VR:**   **HR:**   **HL:**   **Reserverad:**

Reifen auf Beschädigung prüfen: Sichtprüfung i.O.   Fühlprüfung i.O.

Kraftstoffverbrauch: getankte Liter x 100 : gefahrene Kilometer = Verbrauch

Beispiel: 35 Liter x 100 : 600 km = 5,83 Liter auf 100 km

___ **Liter x 100 :** ___ **km =** ___ **Liter auf 100 km**

Hupe i.O.   **Lichthupe i.O.**   **Warnblinker i.O.**

Blinker i.O.   **Konntrollleuchten i.O.**   **Innenbeleuchtung i.O.**

Frontbeleuchtung: Standlicht i.O.   **Abblendlicht i.O.**

                    Fernlicht i.O.   **Nebelscheinwerfer i.O.**

                    Tagfahrlicht i.O.

Scheibenwischer vorne i.O.   **hinten i.O.**

Scheibenwaschanlage vorne i.O.   **hinten i.O.**

Steinschlagprüfung i.O.   **nicht i.O.**   **wo?**

Unter der Motorhaube: Sichtprüfung i.O.

Ölverschmierter Motor   **ja**   **nein**

Ölmessstab ziehen

Öl zwischen oberer und unterer Marke   **ja**   **nein**

Sind Öltropfen unter dem Motor?   **ja**   **nein**

(Pfütze vom Klimaanlagenwasser ist normal)

eventuell Batterieflüssigkeit bis oberer Marke gefüllt   **ja**   **nein**

Bremsflüssigkeitsstand obere Marke oder fast   **ja**   **nein**

Serviceleistungen   Datum __ . __ . ___   W = Werkstatt   K = Kosten
                                                  E = Eigenleistung

Beleuchtung kontrolliert, evtl. Birne/LED erneuert

Scheibenwischer kontrolliert, evtl. erneuert
Scheinwerferreinigungsanlage kontrolliert, evtl. Wischer neu
Scheibenwischerwasser kontrolliert, evtl. aufgefüllt

Reifen + Druck kontrolliert, evtl. Reifen erneuert
Profiltiefe vl. __ vr. __ hr. __ hl. __ in mm

Ölwechsel + Filter   Menge: _____
Marke und Ölsorte: _____

Motorkühlflüssigkeit prüfen, evtl. nachfüllen mit
Korrosions-/Frostschutz _____ °C

Bremsanlage (WERKSTATTARBEIT!)
Bremsflüssigkeitsfüllmenge kontrollieren i.O. oder wechseln
Verlust kann auf abgefahrene Beläge deuten,
ansonsten Ursache suchen!
Handbremse kontrollieren/Handbremsseil schmieren

Bremsbelagstärke
entweder auf Bremsbelagfühler-Lampe achten
oder Belagstärke messen (nicht unter 2mm fahren,
bei Trommelbremse nicht unter 1mm fahren)
i.O. oder wechseln

Verschluss, Gleitschienen und Scharniere der Türen,
der Motorhaube, der Kofferraumhaube, des Schiebedachs
und des Cabrioverdeckes schmieren

Sicherheitsgurte und Schlössser kontrollieren

Batterieflüssigkeit prüfen und evtl. auffüllen

Serviceleistungen Teil 2

W = Werkstatt E = Eigenleistung

K = Kosten

Pollenfilter im Innenraum kontrollieren,
evtl. wechseln

Luftfilter im Motorraum kontrollieren,
evtl. wechseln

Im Motorinnenraum auf Undichtigkeiten, Scheuer-
stellen, beschädigte Bauteile achten   i.O.

Riemen-Zustand prüfen   i.O.

Gummimanschetten im Motorraum und
an den Vorderachsgelenken, Hinterachsgelenken,
sowie an Spur- und Lenkstangengelenke prüfen   i.O.
tritt bereits Fett aus einer Manschette wird der
Wechsel höchte Zeit um das Gelenk oder die
Achse nicht zu zerstören!

Ölstand der Servolenkung prüfen   i.O.

Zündkerzen kontrollieren, evtl. wechseln   i.O.
Glühkerzen bei Ausfall wechseln lassen

Scheinwerfereinstellung prüfen, evtl. einstellen
(Werkstatt)   i.O.

Kraftstofffilter erneuern (eher Werstatt,
wegen dem Entwässern und dem Entlüften)

Auspuff und befestigung kontrollieren   i.O.

alle 2 Jahre Bremsflüssigkeitswechsel

alle 3 Jahre Kühlmittelwechsel

Serviceleistungen Teil 3

Dieses Protokollbuch soll eine Hilfestellung sein, um einen Leitfaden zu haben, was kontrolliert werden kann und muss. Es ersetzt auf keinen Fall die Autowerkstatt. Dafür kann der Autor keine Verantwortung übernehmen. Bei modernen Autos werden die Eigenleistungen immer geringer. Beim Oldtimer ist das noch ganz anders. Trotzdem sei gesagt, erledigen Sie nur das, was Sie beherrschen, gehen Sie keinen Schritt weiter. Sie gefährden sonst Ihr Leben und das der anderen Verkehrs- teilnehmer.

Beim Oldtimer lassen sich sehr viele Kontrollen und Arbeiten selbst durchführen.

Bei einem Neuwagen bleiben aber immer noch Serviceleistungen übrig, die den Wert des Autos erhöhen. Etwa:

Ölkontrolle   i.O.
Kühlerwasserkontrolle   i.O.
Bremsflüssigkeitskontrolle   i.O.
Riemenkontrolle   i.O.
Kontrolle der Schläuche   i.O.
Kontrolle der Batterieflüssigkeit   i.O.
Scharniere fetten (Türen, Hauben, Schiebedach, Tankdeckel)   erledigt
Reifendruck kontrollieren vl __ vr __ hr__ hl __
Reifen kontrollieren   erledigt
Scheibenwischer kontrollieren   i.O.
Steinschlagkontrolle und notieren wo _____

_____

Arbeiten, die hier nicht aufgeführt sind _____

_____

_____

_____

_____

Serviceleistungen Teil 4

Notizen, Daten, Bemerkungen, Informationen, sowie weitere Service-Arbeiten, die hier nicht aufgeführt sind. Beispiele: Kontrolle der Abstandswarner-Sensoren, Einstellungen am Navi, Radio-Code, usw.

Bilder/Zeichnungen:

Regelmäßige Kontrollen   Datum __ . __ . ____   Eigenleistung ja/nein

Reifen-Luftdruck in bar:

VL: VR: HR: HL: Reserverad:

Reifen auf Beschädigung prüfen: Sichtprüfung i.O.   Fühlprüfung i.O.

Kraftstoffverbrauch: getankte Liter x 100 : gefahrene Kilometer = Verbrauch
Beispiel: 35 Liter x 100 : 600 km = 5,83 Liter auf 100 km
        ___ Liter x 100 : ___ km = ___ Liter auf 100 km

Hupe i.O.   Lichthupe i.O.   Warnblinker i.O.
Blinker i.O.   Konntrollleuchten i.O.   Innenbeleuchtung i.O.
Frontbeleuchtung: Standlicht i.O.   Abblendlicht i.O.
                Fernlicht i.O.   Nebelscheinwerfer i.O.
                Tagfahrlicht i.O.

Scheibenwischer vorne i.O.   hinten i.O.
Scheibenwaschanlage vorne i.O.   hinten i.O.

Steinschlagprüfung i.O.   nicht i.O.   wo?

_____

Unter der Motorhaube: Sichtprüfung i.O.

Ölverschmierter Motor   ja   nein

Ölmessstab ziehen
Öl zwischen oberer und unterer Marke   ja   nein

Sind Öltropfen unter dem Motor?   ja   nein
(Pfütze vom Klimaanlagenwasser ist normal)

eventuell Batterieflüssigkeit bis oberer Marke gefüllt   ja   nein
Bremsflüssigkeitsstand obere Marke oder fast   ja   nein

Beleuchtung kontrolliert, evtl. Birne/LED erneuert

Scheibenwischer kontrolliert, evtl. erneuert

Scheinwerferreinigungsanlage kontrolliert, evtl. Wischer neu

Scheibenwischerwasser kontrolliert, evtl. aufgefüllt

Reifen + Druck kontrolliert, evtl. Reifen erneuert

Profiltiefe vl. __ vr. __ hr. __ hl. __ in mm

Ölwechsel + Filter   Menge: _____

Marke und Ölsorte: _____

Motorkühlflüssigkeit prüfen, evtl. nachfüllen mit

Korrosions-/Frostschutz _____ °C

Bremsanlage (WERKSTATTARBEIT!)

Bremsflüssigkeitsfüllmenge kontrollieren i.O. oder wechseln

Verlust kann auf abgefahrene Beläge deuten,

ansonsten Ursache suchen!

Handbremse kontrollieren/Handbremsseil schmieren

Bremsbelagstärke

entweder auf Bremsbelagfühler-Lampe achten

oder Belagstärke messen (nicht unter 2mm fahren,

bei Trommelbremse nicht unter 1mm fahren)

i.O. oder wechseln

Verschluss, Gleitschienen und Scharniere der Türen,

der Motorhaube, der Kofferraumhaube, des Schiebedachs

und des Cabrioverdeckes schmieren

Sicherheitsgurte und Schlössser kontrollieren

Batterieflüssigkeit prüfen und evtl. auffüllen

Serviceleistungen Teil 2

W = Werkstatt E = Eigenleistung

K = Kosten ↓

Pollenfilter im Innenraum kontrollieren,
evtl. wechseln

Luftfilter im Motorraum kontrollieren,
evtl. wechseln

Im Motorinnenraum auf Undichtigkeiten, Scheuer-
stellen, beschädigte Bauteile achten   i.O.

Riemen-Zustand prüfen   i.O.

Gummimanschetten im Motorraum und
an den Vorderachsgelenken, Hinterachsgelenken,
sowie an Spur- und Lenkstangengelenke prüfen   i.O.
tritt bereits Fett aus einer Manschette wird der
Wechsel höchte Zeit um das Gelenk oder die
Achse nicht zu zerstören!

Ölstand der Servolenkung prüfen   i.O.

Zündkerzen kontrollieren, evtl. wechseln   i.O.
Glühkerzen bei Ausfall wechseln lassen

Scheinwerfereinstellung prüfen, evtl. einstellen
(Werkstatt)   i.O.

Kraftstofffilter erneuern (eher Werstatt,
wegen dem Entwässern und dem Entlüften)

Auspuff und befestigung kontrollieren   i.O.

alle 2 Jahre Bremsflüssigkeitswechsel

alle 3 Jahre Kühlmittelwechsel

Serviceleistungen Teil 3

Dieses Protokollbuch soll eine Hilfestellung sein, um einen Leitfaden zu haben, was kontrolliert werden kann und muss. Es ersetzt auf keinen Fall die Autowerkstatt. Dafür kann der Autor keine Verantwortung übernehmen. Bei modernen Autos werden die Eigenleistungen immer geringer. Beim Oldtimer ist das noch ganz anders. Trotzdem sei gesagt, erledigen Sie nur das, was Sie beherrschen, gehen Sie keinen Schritt weiter. Sie gefährden sonst Ihr Leben und das der anderen Verkehrsteilnehmer.

Beim Oldtimer lassen sich sehr viele Kontrollen und Arbeiten selbst durchführen.

Bei einem Neuwagen bleiben aber immer noch Serviceleistungen übrig, die den Wert des Autos erhöhen. Etwa:

Ölkontrolle	i.O.
Kühlerwasserkontrolle	i.O.
Bremsflüssigkeitskontrolle	i.O.
Riemenkontrolle	i.O.
Kontrolle der Schläuche	i.O.
Kontrolle der Batterieflüssigkeit	i.O.
Scharniere fetten (Türen, Hauben, Schiebedach, Tankdeckel)	erledigt
Reifendruck kontrollieren vl __ vr __ hr__ hl __	
Reifen kontrollieren	erledigt
Scheibenwischer kontrollieren	i.O.
Steinschlagkontrolle und notieren wo _____	

_____

Arbeiten, die hier nicht aufgeführt sind _____

_____

_____

_____

_____

Serviceleistungen Teil 4

Notizen, Daten, Bemerkungen, Informationen, sowie weitere Service-Arbeiten, die hier nicht aufgeführt sind. Beispiele: Kontrolle der Abstandswarner-Sensoren, Einstellungen am Navi, Radio-Code, usw.

_____
_____
_____
_____
_____
_____
_____
_____
_____
_____

Bilder/Zeichnungen:

_____
_____
_____
_____

Regelmäßige Kontrollen   Datum __ . __ . ____   Eigenleistung ja/nein

Reifen-Luftdruck in bar:
VL: **VR:**   **HR:**   **HL:**   **Reserverad:**

Reifen auf Beschädigung prüfen: Sichtprüfung i.O.   Fühlprüfung i.O.

Kraftstoffverbrauch: getankte Liter x 100 : gefahrene Kilometer = Verbrauch
Beispiel: 35 Liter x 100 : 600 km = 5,83 Liter auf 100 km
        ___ **Liter x 100 :** ___ **km =** ___ **Liter auf 100 km**

Hupe i.O.   **Lichthupe i.O.**   **Warnblinker i.O.**
Blinker i.O.   **Konntrollleuchten i.O.**   **Innenbeleuchtung i.O.**
Frontbeleuchtung: Standlicht i.O.   **Abblendlicht i.O.**
                   Fernlicht i.O.   **Nebelscheinwerfer i.O.**
                   Tagfahrlicht i.O.

Scheibenwischer vorne i.O.   **hinten i.O.**
Scheibenwaschanlage vorne i.O.   **hinten i.O.**

Steinschlagprüfung i.O.   **nicht i.O.**   **wo?**

_____

Unter der Motorhaube: Sichtprüfung i.O.

Ölverschmierter Motor   ja   nein

Ölmessstab ziehen
Öl zwischen oberer und unterer Marke   ja   nein

Sind Öltropfen unter dem Motor?   ja   nein
(Pfütze vom Klimaanlagenwasser ist normal)

eventuell Batterieflüssigkeit bis oberer Marke gefüllt   ja   nein
Bremsflüssigkeitsstand obere Marke oder fast   ja   nein

Serviceleistungen Datum __ . __ . ___   W = Werkstatt K = Kosten
                                              E = Eigenleistung

Beleuchtung kontrolliert, evtl. Birne/LED erneuert

Scheibenwischer kontrolliert, evtl. erneuert
Scheinwerferreinigungsanlage kontrolliert, evtl. Wischer neu
Scheibenwischerwasser kontrolliert, evtl. aufgefüllt

Reifen + Druck kontrolliert, evtl. Reifen erneuert
Profiltiefe vl. __ vr. __ hr. __ hl. __ in mm

Ölwechsel + Filter   Menge: _____
Marke und Ölsorte: _____

Motorkühlflüssigkeit prüfen, evtl. nachfüllen mit
Korrosions-/Frostschutz _____ °C

Bremsanlage (WERKSTATTARBEIT!)
Bremsflüssigkeitsfüllmenge kontrollieren i.O. oder wechseln
Verlust kann auf abgefahrene Beläge deuten,
ansonsten Ursache suchen!
Handbremse kontrollieren/Handbremsseil schmieren

Bremsbelagstärke
entweder auf Bremsbelagfühler-Lampe achten
oder Belagstärke messen (nicht unter 2mm fahren,
bei Trommelbremse nicht unter 1mm fahren)
i.O. oder wechseln

Verschluss, Gleitschienen und Scharniere der Türen,
der Motorhaube, der Kofferraumhaube, des Schiebedachs
und des Cabrioverdeckes schmieren

Sicherheitsgurte und Schlössser kontrollieren

Batterieflüssigkeit prüfen und evtl. auffüllen

Serviceleistungen Teil 2

W = Werkstatt E = Eigenleistung

K = Kosten ↓

Pollenfilter im Innenraum kontrollieren,
evtl. wechseln

Luftfilter im Motorraum kontrollieren,
evtl. wechseln

Im Motorinnenraum auf Undichtigkeiten, Scheuer-
stellen, beschädigte Bauteile achten   i.O.

Riemen-Zustand prüfen   i.O.

Gummimanschetten im Motorraum und
an den Vorderachsgelenken, Hinterachsgelenken,
sowie an Spur- und Lenkstangengelenke prüfen   i.O.
tritt bereits Fett aus einer Manschette wird der
Wechsel höchte Zeit um das Gelenk oder die
Achse nicht zu zerstören!

Ölstand der Servolenkung prüfen   i.O.

Zündkerzen kontrollieren, evtl. wechseln   i.O.
Glühkerzen bei Ausfall wechseln lassen

Scheinwerfereinstellung prüfen, evtl. einstellen
(Werkstatt)   i.O.

Kraftstofffilter erneuern (eher Werstatt,
wegen dem Entwässern und dem Entlüften)

Auspuff und befestigung kontrollieren   i.O.

alle 2 Jahre Bremsflüssigkeitswechsel

alle 3 Jahre Kühlmittelwechsel

Serviceleistungen Teil 3

Dieses Protokollbuch soll eine Hilfestellung sein, um einen Leitfaden zu haben, was kontrolliert werden kann und muss. Es ersetzt auf keinen Fall die Autowerkstatt. Dafür kann der Autor keine Verantwortung übernehmen. Bei modernen Autos werden die Eigenleistungen immer geringer. Beim Oldtimer ist das noch ganz anders. Trotzdem sei gesagt, erledigen Sie nur das, was Sie beherrschen, gehen Sie keinen Schritt weiter. Sie gefährden sonst Ihr Leben und das der anderen Verkehrsteilnehmer.

Beim Oldtimer lassen sich sehr viele Kontrollen und Arbeiten selbst durchführen.

Bei einem Neuwagen bleiben aber immer noch Serviceleistungen übrig, die den Wert des Autos erhöhen. Etwa:

Ölkontrolle	i.O.
Kühlerwasserkontrolle	i.O.
Bremsflüssigkeitskontrolle	i.O.
Riemenkontrolle	i.O.
Kontrolle der Schläuche	i.O.
Kontrolle der Batterieflüssigkeit	i.O.
Scharniere fetten (Türen, Hauben, Schiebedach, Tankdeckel)	erledigt
Reifendruck kontrollieren vl __ vr __ hr__ hl __	
Reifen kontrollieren	erledigt
Scheibenwischer kontrollieren	i.O.

Steinschlagkontrolle und notieren wo _____

_____

Arbeiten, die hier nicht aufgeführt sind _____

_____

_____

_____

_____

Serviceleistungen Teil 4

Notizen, Daten, Bemerkungen, Informationen, sowie weitere Service-Arbeiten, die hier nicht aufgeführt sind. Beispiele: Kontrolle der Abstandswarner-Sensoren, Einstellungen am Navi, Radio-Code, usw.

_____

_____

_____

_____

_____

_____

_____

_____

_____

_____

Bilder/Zeichnungen:

_____

_____

_____

_____

Regelmäßige Kontrollen   Datum __ . __ . ____   Eigenleistung ja/nein

Reifen-Luftdruck in bar:

VL: **VR:**   **HR:**   **HL:**   **Reserverad:**

Reifen auf Beschädigung prüfen: Sichtprüfung i.O.   Fühlprüfung i.O.

Kraftstoffverbrauch: getankte Liter x 100 : gefahrene Kilometer = Verbrauch

Beispiel: 35 Liter x 100 : 600 km = 5,83 Liter auf 100 km

___ **Liter x 100 :** ___ **km =** ___ **Liter auf 100 km**

Hupe i.O.   **Lichthupe i.O.**   **Warnblinker i.O.**

Blinker i.O.   **Konntrollleuchten i.O.**   **Innenbeleuchtung i.O.**

Frontbeleuchtung: Standlicht i.O.   **Abblendlicht i.O.**

                    Fernlicht i.O.   **Nebelscheinwerfer i.O.**

                    Tagfahrlicht i.O.

Scheibenwischer vorne i.O.   **hinten i.O.**

Scheibenwaschanlage vorne i.O.   **hinten i.O.**

Steinschlagprüfung i.O.   **nicht i.O.**   **wo?**

Unter der Motorhaube: Sichtprüfung i.O.

Ölverschmierter Motor   **ja**   **nein**

Ölmessstab ziehen

Öl zwischen oberer und unterer Marke   **ja**   **nein**

Sind Öltropfen unter dem Motor?   **ja**   **nein**

(Pfütze vom Klimaanlagenwasser ist normal)

eventuell Batterieflüssigkeit bis oberer Marke gefüllt   **ja**   **nein**

Bremsflüssigkeitsstand obere Marke oder fast   **ja**   **nein**

Serviceleistungen   Datum __ . __ . ___   W = Werkstatt   K = Kosten

E = Eigenleistung

Beleuchtung kontrolliert, evtl. Birne/LED erneuert

Scheibenwischer kontrolliert, evtl. erneuert
Scheinwerferreinigungsanlage kontrolliert, evtl. Wischer neu
Scheibenwischerwasser kontrolliert, evtl. aufgefüllt

Reifen + Druck kontrolliert, evtl. Reifen erneuert
Profiltiefe vl. __ vr. __ hr. __ hl. __ in mm

Ölwechsel + Filter   Menge: _____
Marke und Ölsorte: _____

Motorkühlflüssigkeit prüfen, evtl. nachfüllen mit
Korrosions-/Frostschutz _____ °C

Bremsanlage (WERKSTATTARBEIT!)
Bremsflüssigkeitsfüllmenge kontrollieren i.O. oder wechseln
Verlust kann auf abgefahrene Beläge deuten,
ansonsten Ursache suchen!
Handbremse kontrollieren/Handbremsseil schmieren

Bremsbelagstärke
entweder auf Bremsbelagfühler-Lampe achten
oder Belagstärke messen (nicht unter 2mm fahren,
bei Trommelbremse nicht unter 1mm fahren)
i.O. oder wechseln

Verschluss, Gleitschienen und Scharniere der Türen,
der Motorhaube, der Kofferraumhaube, des Schiebedachs
und des Cabrioverdeckes schmieren

Sicherheitsgurte und Schlössser kontrollieren

Batterieflüssigkeit prüfen und evtl. auffüllen

Serviceleistungen Teil 2

W = Werkstatt E = Eigenleistung

K = Kosten ↓

	W	E	K

Pollenfilter im Innenraum kontrollieren,
evtl. wechseln

Luftfilter im Motorraum kontrollieren,
evtl. wechseln

Im Motorinnenraum auf Undichtigkeiten, Scheuer-
stellen, beschädigte Bauteile achten   i.O.

Riemen-Zustand prüfen   i.O.

Gummimanschetten im Motorraum und
an den Vorderachsgelenken, Hinterachsgelenken,
sowie an Spur- und Lenkstangengelenke prüfen   i.O.
tritt bereits Fett aus einer Manschette wird der
Wechsel höchte Zeit um das Gelenk oder die
Achse nicht zu zerstören!

Ölstand der Servolenkung prüfen   i.O.

Zündkerzen kontrollieren, evtl. wechseln   i.O.
Glühkerzen bei Ausfall wechseln lassen

Scheinwerfereinstellung prüfen, evtl. einstellen
(Werkstatt)   i.O.

Kraftstofffilter erneuern (eher Werstatt,
wegen dem Entwässern und dem Entlüften)

Auspuff und befestigung kontrollieren   i.O.

alle 2 Jahre Bremsflüssigkeitswechsel

alle 3 Jahre Kühlmittelwechsel

<u>Serviceleistungen</u> **Teil 3**

Dieses Protokollbuch soll eine Hilfestellung sein, um einen Leitfaden zu haben, was kontrolliert werden kann und muss. Es ersetzt auf keinen Fall die Autowerkstatt. Dafür kann der Autor keine Verantwortung übernehmen. Bei modernen Autos werden die Eigenleistungen immer geringer. Beim Oldtimer ist das noch ganz anders. Trotzdem sei gesagt, erledigen Sie nur das, was Sie beherrschen, gehen Sie keinen Schritt weiter. Sie gefährden sonst Ihr Leben und das der anderen Verkehrsteilnehmer.

Beim Oldtimer lassen sich sehr viele Kontrollen und Arbeiten selbst durchführen.

Bei einem Neuwagen bleiben aber immer noch Serviceleistungen übrig, die den Wert des Autos erhöhen. Etwa:

Ölkontrolle   i.O.

Kühlerwasserkontrolle   i.O.

Bremsflüssigkeitskontrolle   i.O.

Riemenkontrolle   i.O.

Kontrolle der Schläuche   i.O.

Kontrolle der Batterieflüssigkeit   i.O.

Scharniere fetten (Türen, Hauben, Schiebedach, Tankdeckel)   erledigt

Reifendruck kontrollieren vl __ vr __ hr__ hl __

Reifen kontrollieren   erledigt

Scheibenwischer kontrollieren   i.O.

Steinschlagkontrolle und notieren wo _____

_____

Arbeiten, die hier nicht aufgeführt sind _____

_____

_____

_____

_____

Serviceleistungen Teil 4

Notizen, Daten, Bemerkungen, Informationen, sowie weitere Service-Arbeiten, die hier nicht aufgeführt sind. Beispiele: Kontrolle der Abstandswarner-Sensoren, Einstellungen am Navi, Radio-Code, usw.

_____

_____

_____

_____

_____

_____

_____

_____

_____

_____

Bilder/Zeichnungen:

_____

_____

_____

_____

Regelmäßige Kontrollen   Datum __ . __ . ____   Eigenleistung ja/nein

Reifen-Luftdruck in bar:

VL: **VR:**   **HR:**   **HL:**   **Reserverad:**

Reifen auf Beschädigung prüfen: Sichtprüfung i.O.   Fühlprüfung i.O.

Kraftstoffverbrauch: getankte Liter x 100 : gefahrene Kilometer = Verbrauch

Beispiel: 35 Liter x 100 : 600 km = 5,83 Liter auf 100 km

___ **Liter x 100 :** ___ **km =** ___ **Liter auf 100 km**

Hupe i.O.   **Lichthupe i.O.**   **Warnblinker i.O.**

Blinker i.O.   **Konntrollleuchten i.O.**   **Innenbeleuchtung i.O.**

Frontbeleuchtung: Standlicht i.O.   **Abblendlicht i.O.**

                    Fernlicht i.O.   **Nebelscheinwerfer i.O.**

                    Tagfahrlicht i.O.

Scheibenwischer vorne i.O.   **hinten i.O.**

Scheibenwaschanlage vorne i.O.   **hinten i.O.**

Steinschlagprüfung i.O.   **nicht i.O.**   **wo?**

Unter der Motorhaube: Sichtprüfung i.O.

Ölverschmierter Motor   ja   nein

Ölmessstab ziehen

Öl zwischen oberer und unterer Marke   ja   nein

Sind Öltropfen unter dem Motor?   ja   nein

(Pfütze vom Klimaanlagenwasser ist normal)

eventuell Batterieflüssigkeit bis oberer Marke gefüllt   ja   nein

Bremsflüssigkeitsstand obere Marke oder fast   ja   nein

Serviceleistungen   Datum __ . __ . ___   W = Werkstatt   K = Kosten
                                                    E = Eigenleistung

Beleuchtung kontrolliert, evtl. Birne/LED erneuert

Scheibenwischer kontrolliert, evtl. erneuert
Scheinwerferreinigungsanlage kontrolliert, evtl. Wischer neu
Scheibenwischerwasser kontrolliert, evtl. aufgefüllt

Reifen + Druck kontrolliert, evtl. Reifen erneuert
Profiltiefe vl. __ vr. __ hr. __ hl. __ in mm

Ölwechsel + Filter   Menge: _____
Marke und Ölsorte: _____

Motorkühlflüssigkeit prüfen, evtl. nachfüllen mit
Korrosions-/Frostschutz _____ °C

Bremsanlage (WERKSTATTARBEIT!)
Bremsflüssigkeitsfüllmenge kontrollieren i.O. oder wechseln
Verlust kann auf abgefahrene Beläge deuten,
ansonsten Ursache suchen!
Handbremse kontrollieren/Handbremsseil schmieren

Bremsbelagstärke
entweder auf Bremsbelagfühler-Lampe achten
oder Belagstärke messen (nicht unter 2mm fahren,
bei Trommelbremse nicht unter 1mm fahren)
i.O. oder wechseln

Verschluss, Gleitschienen und Scharniere der Türen,
der Motorhaube, der Kofferraumhaube, des Schiebedachs
und des Cabrioverdeckes schmieren

Sicherheitsgurte und Schlössser kontrollieren

Batterieflüssigkeit prüfen und evtl. auffüllen

W = Werkstatt E = Eigenleistung

K = Kosten

Pollenfilter im Innenraum kontrollieren,
evtl. wechseln

Luftfilter im Motorraum kontrollieren,
evtl. wechseln

Im Motorinnenraum auf Undichtigkeiten, Scheuer-
stellen, beschädigte Bauteile achten   i.O.

Riemen-Zustand prüfen   i.O.

Gummimanschetten im Motorraum und
an den Vorderachsgelenken, Hinterachsgelenken,
sowie an Spur- und Lenkstangengelenke prüfen   i.O.
tritt bereits Fett aus einer Manschette wird der
Wechsel höchte Zeit um das Gelenk oder die
Achse nicht zu zerstören!

Ölstand der Servolenkung prüfen   i.O.

Zündkerzen kontrollieren, evtl. wechseln   i.O.
Glühkerzen bei Ausfall wechseln lassen

Scheinwerfereinstellung prüfen, evtl. einstellen
(Werkstatt)   i.O.

Kraftstofffilter erneuern (eher Werstatt,
wegen dem Entwässern und dem Entlüften)

Auspuff und befestigung kontrollieren   i.O.

alle 2 Jahre Bremsflüssigkeitswechsel

alle 3 Jahre Kühlmittelwechsel

Serviceleistungen Teil 3

Dieses Protokollbuch soll eine Hilfestellung sein, um einen Leitfaden zu haben, was kontrolliert werden kann und muss. Es ersetzt auf keinen Fall die Autowerkstatt. Dafür kann der Autor keine Verantwortung übernehmen. Bei modernen Autos werden die Eigenleistungen immer geringer. Beim Oldtimer ist das noch ganz anders. Trotzdem sei gesagt, erledigen Sie nur das, was Sie beherrschen, gehen Sie keinen Schritt weiter. Sie gefährden sonst Ihr Leben und das der anderen Verkehrs- teilnehmer.

Beim Oldtimer lassen sich sehr viele Kontrollen und Arbeiten selbst durchführen.

Bei einem Neuwagen bleiben aber immer noch Serviceleistungen übrig, die den Wert des Autos erhöhen. Etwa:

Ölkontrolle	i.O.
Kühlerwasserkontrolle	i.O.
Bremsflüssigkeitskontrolle	i.O.
Riemenkontrolle	i.O.
Kontrolle der Schläuche	i.O.
Kontrolle der Batterieflüssigkeit	i.O.
Scharniere fetten (Türen, Hauben, Schiebedach, Tankdeckel)	erledigt
Reifendruck kontrollieren vl __ vr __ hr__ hl __	
Reifen kontrollieren	erledigt
Scheibenwischer kontrollieren	i.O.

Steinschlagkontrolle und notieren wo _____
_____

Arbeiten, die hier nicht aufgeführt sind _____
_____
_____
_____
_____

Serviceleistungen Teil 4

Notizen, Daten, Bemerkungen, Informationen, sowie weitere Service-Arbeiten, die hier nicht aufgeführt sind. Beispiele: Kontrolle der Abstandswarner-Sensoren, Einstellungen am Navi, Radio-Code, usw.

_____

_____

_____

_____

_____

_____

_____

_____

_____

Bilder/Zeichnungen:

_____

_____

_____

_____

SÜLTZ BÜCHER - jede Menge Notizbücher,
Kochbücher, Technikbücher, Fotobücher,
Kalender, Gedichtebücher und Kurz-
geschichten aus den Genres Krimi,
Liebe, Science Fiction, Horror & Co.

Notiz-Buch für **Automodell Designer**

Notizbuch für **Automodell Bauer**

Notiz-Buch für **Automodell Veredler**

Notizbuch für **Automodell Sammler**